여행의 미래

일러두기

1 외국어 표기는 국립국어원 외래어 표기법을 따랐다. 다만 일부는 관용적 표기를 따랐다.
2 보고서와 시리즈, 영화, TV 프로그램의 제목은 홑화살괄호(〈〉)로, 단행본과 신문, 잡지의 제목은 겹화살괄호(《》)로 표기했다.
3 본문에 사용한 이미지 중 저자가 촬영한 사진과 저작권 관련 사용 제한이 없는 사진 이외에는 출처를 밝혔다.

여행의 미래

BOARDING PASS

From

밀레니얼의
여행은

To

어떻게
달라질 것인가

Passenger Name

김다영

Date 09 DEC | Time 08:40 | Gate 22

Flight F 0575 | Seat 55L | Board till 08:10

미래의 창

들어가며

내가 해외여행을 전문으로 소개하는 월간지의 취재기자로 사회생활을 시작한 2006년은 한국 최초의 저비용 항공사인 제주항공이 운항을 시작한 해이기도 하다. 마침 다니던 회사에서 제주항공 기내지 제작을 수주받으면서 매달 항공사를 비롯한 여행 업계 종사자를 인터뷰할 기회가 종종 주어졌다. 그렇게 업계와의 인연을 쌓아가던 과정에서 뜻밖의 변화를 마주했다. 여행 산업은 여전히 대형 여행사 위주로 돌아가지만 여행자는 항공권과 숙소를 온라인으로 직접 예약하기 시작했다는 사실이다. 물론 당시에는 이러한 변화와 저비용 항공의 출현이 어떤 의미를 지녔는지 정확히 알지 못했으나 한 가지는 분명했다. 취재한 지 한 달 후에나 출판되는 월간지나 가이드북보다 며칠 전에 올라온 블로그

후기가 더 빠르고 정확하다는 점이다. 이를 기점으로 지면으로 유통되는 여행 정보를 만드는 일에 점차 회의감을 느끼게 됐다. 그렇게 짧은 기자 생활을 마감하고 IT 업계로 이직하면서 여행 블로그를 운영하기 시작했는데, 놀랍게도 기자 시절보다 더 많은 취재 기회를 얻었다. 시간이 갈수록 여행 업계의 판이 온라인 위주로 재편되는 것을 실감할 수 있었다.

새해 소망이나 버킷리스트를 묻는 직장인 설문조사에서 여행은 어느새 최상위권에 꼽히는 항목이 됐다. 이는 주 52시간 근무제의 시행과 워라밸(일과 삶의 균형)의 중시 등으로 사람들의 인식이 전환되면서 여행을 둘러싼 사회환경의 변화와 함께 나타난 현상이다. 첫 책 《스마트한 여행의 조건》의 출간을 계기로 백화점 문화센터에서 조촐하게 시작한 나의 여행 강의는 불과 몇 년 만에 수천 명의 임직원을 대상으로 해외여행을 가르치는 기업 교육으로 발전했다. 여행 전문 강사는 이전에는 존재하지 않았던 직업이니, 여행 시장이 폭발적으로 성장하는 가운데 탄생한 신종 직업인 셈이다. 게다가 2018년 두 번째 책인 《나는 호텔을 여행한다》를 출간한 뒤부터는 여행 업계 종사자에게 업계 트렌드도 교육하고 있다. 기자를 그만두면서 여행 업계를 떠났다고 생각했는데 문득 정신을 차려보니 여행 업계 언저리로 돌아와 있었다.

이쯤 되자 새로운 물음표가 생겼다. 내가 여행 기자를 그만둔 시점부터 다시 여행으로 먹고사는 직업을 갖게 된 10년 사이, 과연 여행 업계에는 무슨 일이 있었던 것일까?

오늘의 비즈니스 현장에서 찾는 여행의 내일

여행 업계는 더 이상 이전의 방식으로는 설명할 수 없는 산업이 됐다. 여행 산업은 디지털 플랫폼 산업으로 완전히 전환됐으며, 빅데이터와 인공지능과 같은 첨단 기술로 움직인다. 엄밀히 따지면 여행 기업으로 분류될 수 없는 구글, 우버, 아마존, 심지어는 네이버와 카카오까지도 여행 산업과 긴밀히 연결되어 있다. 패션이나 뷰티, 식음료 기업도 앞다투어 여행 브랜드와 협업한다. 이는 사람들이 여행을 떠나는 목적이 관광에서 경험으로, 이벤트에서 일상으로 이동했기 때문에 일어난 변화라고 볼 수 있다. 지금의 여행은 단일한 상품이 아닌, 항공과 호텔과 레스토랑을 선택한 결과가 모여 이뤄지는 '경험의 총체'다. 이러한 여행을 이끄는 밀레니얼 세대와 Z 세대의 마음을 사로잡기 위해서는 전혀 다른 커뮤니케이션 언어와 배경 지식이 요구된다. 그런데 왜, 여행의 거대한 변화를 산업 측면에서 총체적으로 짚어보는 콘텐츠는 찾아보기 어려운 것일까? 이 책은 바로 이 지점에서 출발했다.

다행히 지난 10년간 쌓아온 미디어 영향력 덕분에 세계 각국의 관광 캠페인과 컨퍼런스에 초청되어 특별한 경험을 쌓을 수 있었다. 먼저 한국을 대표하는 인플루언서로서 참여하는 여행들은 대체로 해당 국가의 관광청이 선보이는 '시범 여행'의 성격이 크다. 앞으로 새롭게 선보일 여행지나 여행 상품을 먼저 제공한 후 반응을 지켜보고 홍보하려는 것이다. 이렇게 여행 '테스터' 역할을 할 때는 여행 경험에 미치는 요인을 소비자의 관점에서 관찰하고 블로그에 상세하게 기록했다. 한편, 전통적인 미디어 역할로 참가하는 여행도 있다. 세계 각국에서 열리는 여행 업계 컨퍼런스가 그것이다.《호텔 아비아》 등 외부 매체에 기고하는 저널리스트로 초청되는 업계 행사에서는 산업적인 관점에서 논의되는 여행 업계의 최신 이슈를 빠르게 확보할 수 있다. 이렇게 서로 다른 입장에서 수집해온 여행 업계의 변화를 업계와 소비자 모두에게 도움이 될 수 있는 콘텐츠로 만들고 싶었다. 그래서 이 책에서는 여행 산업의 안과 밖, 현재와 미래를 두루 살펴보고 여행에 대한 입체적인 관점과 인사이트를 부족하게나마 전달하려고 노력했다.

이 책을 집필하는 와중에도 여행 업계의 변화는 시시각각 진행되고 있다. 글로벌 시장에서는 지난 10여 년간 여행업의 주도권을 쥐어온 익스피디아나 부킹닷컴 등의 온라인 여행 서비스 OTA가 2019년을 기점으로 부진을 보이는 점이 눈에 띈다. 그들에게서 수십조 원의 검색 광고 비용을 벌어들이는 구글이 여행 서비스에 직접 뛰어들었기 때문이다. 2019년 7월 론칭한 구글 트래블은 세계에서 가장 강력한 위치 정보 서비스인 구글 지도를 중심으로 차근차근 여행 서비스를 준비해왔다. 구글은 지도에 기록되는 막대한 양의 '공짜' 리뷰를 빅데이터로 활용해 개인에게 맞춤형 여행 서비스를 제공하려 한다. 다시 말해 구글은 항공과 호텔, 교통, 식음료까지 모든 결제가 구글 내에서 이루어지게끔 시스템을 구축하고 있다. OTA의 미래가 어두운 것은 바로 이 때문이다.

한국은 어떨까? 얼마 전 2020년부터 하나투어의 여행 박람회가 열리지 않는다는 소식이 들려왔다. 한국에서 항공권과 호텔 예약은 이미 OTA의 범주를 훌쩍 넘어섰다. 각종 온라인 쇼핑몰과 소셜커머스 및 양대 포털(네이버와 카카오)에 이어, 2020년에는 롯데 면세점과 신라 면세점이 해외여행 예약 시장에 뛰어들었다. 여행 예약 서비스가 기존의 이커머스 시장과도 빠르게 결합하고 있는 것이다.

결정적 전환점을 맞이한 여행 업계와 새로운 여행자의 등장

거시적인 환경의 변화도 예기치 않게 찾아왔다. 2020년 상반기를 강타한 코로나-19 Covid-19(신종 코로나바이러스감염증)의 여파가 그것이다. 이 책을 처음 기획할 무렵인 2019년 5월만 해도, 세계 여행 산업이 매년 3% 이상 꾸준히 성장할 것이라는 세계관광기구WTO의 낙관적인 전망을 누구도 의심하지 않았다. 특히 2010년대에 들어서며 중국이 해외여행의 빗장을 풀고 세계 관광 지출의 20%를 차지하는 큰손으로 부상하면서, 여행 시장의 팽창은 지난 10년에 걸쳐 가속화되어왔다. 누구도 막지 못했던 인류의 여행이 가로막힌 것은, 아이러니하게도 여행업의 호황에 가장 큰 역할을 했던 중국이 코로나-19의 진원지로 뉴스에 등장하면서부터다. 소비가 멈춘 여행 업계에서는 '부도', '파산'이라는 단어가 심심찮게 등장하고 있다. 미국 CNBC는 코로나-19로 인한 미국의 관광 업계의 손실이 무려 240억 달러(한화 약 28조 원)에 이를 것으로 추정되며, 이는 2003년 사스SARS(중증급성호흡기증후군) 때의 손실보다 약 7배 큰 규모라고 보도했다.[1] 여기서 더욱 주목해야 할 지점은 코로나-19가 단지 여행 업계에 거대한 손실을 입힌 악재에서 그치는 것이 아니라, 업계의 구조와 체질에 근본적인 변화를 일으킬 전환점이 되고 있다는 것이다.

시간이 흐르고 나면 사람들은 다시 여행을 향유할 것이다. 하지만 코로나 사태 이후 여행 소비의 방향과 목적은 분명히 달라질 것이다. 지금까지 '디지털 노마드'라는 직업적 형태는 자의로 그러한 삶의 방식을 선택한 이들에 한정된 경향이 강했다. 그런데 코로나-19를 계기로 많은 기업들이 재택 근무와 원격 근무를 채택하면서 이를 경험해본 사람들이 이전보다 훨씬 많아졌다. 원격 근무를 경험해본 이들은 일과 삶, 여행에 대해 좀 더 유연하게 사고할 가능성이 높다. 일과 여가를 명확하게 분리했던 기존의 노동 환경이 변화한다면 여행의 목적과 형태는 필연적으로 이와 함께 진화할 수밖에 없다. 또한 코로나-19 이전의 여행자는 해외여행을 별다른 이유 없이 떠나는 것에 책임 의식이나 비판적 시각을 갖지 않았다. 하지만 2020년에 들어서면서 호주의 대형 산불, 코로나-19 등 세계적인 사건들을 연이어 겪으며 기후와 환경 변화의 악영향을 생생하게 체험한 여행 업계와 여행자는 이제 지속 가능성에 눈을 돌릴 것이다.

이와 관련해 글로벌 디자인 호텔 네트워크인 디자인호텔스는 '어디서 무엇을' 하고 싶은지보다 '왜, 어떻게' 여행을 하는지를 고려하는 새로운 여행자 '프로마드Promad'가 출현할 것이라고 예측했다. 프로마드는 사전에는 없는 신조어로, '급진적인 유목민

Progressive Nomad'을 뜻한다.[2] 코로나-19 사태를 거치면서 책임 의식과 목적성이 강화된 여행자 프로마드의 출현은 생각보다 빨라질 것으로 보인다. 그래서 이 책의 마지막 5장에 급변하는 여행 업계 속에서 새로운 포지션을 탐색하는 이들을 위한 이야기를 담았다.

그간 하고 싶었던 이야기를 마음껏 담은 이 책의 탄생에는 좋은 출판사와의 만남이 결정적인 역할을 했다. 기약 없이 간직해 둔 출간기획서와 똑같은 내용을 먼저 제안해주어 나를 놀라게 한 미래의창 출판사에게 감사를 전한다. 항상 든든한 버팀목이 되어주시는 부모님과 가족에게도 감사드린다. 책이 출간된 이후에도 팟캐스트와 유튜브 등 다양한 채널을 통해 여행 산업의 변화와 새로운 관점을 지속적으로 소개하려고 한다. 부디 이 책이 빠르게 변화하는 소비자에 대한 여행 업계의 이해를 돕고, 여행자에게는 여행의 본질에 조금 더 집중할 수 있는 스마트한 여행을 제안할 수 있기를 바란다.

차례

CHAPTER 3

여행 업계가 인플루언서를 활용하는 법

CHAPTER 4

여행과 라이프스타일이 만나다

CHAPTER 5

여행에서 새로운 기회를 찾고 싶은 이들에게

CHAPTER 1

패키지여행의 종말:
여행자는 어떻게 돈을 쓸까?

어디서 여행을 '구매'하십니까?

- 여행 소비구조의 극적인 변화

>

여행을 준비하는 과정을 떠올려보자. '여행지'를 정한 다음 가장 먼저 찾는 서비스는 무엇인가? 나의 경우에는 카약과 스카이스캐너에 가장 먼저 들어가본다. 항공권 최저가를 실시간으로 비교하기 위해서다. 마음에 드는 루트와 가격의 항공권을 찾았다면, 해당 항공권을 판매하는 항공사나 여행사를 클릭해서 결제를 완료한다. 때로는 각 항공사의 마일리지를 알뜰하게 쓰기 위해 공들여 정보를 찾아 마일리지 발권을 한다. 항공 예약을 마쳤다면 다음은 숙박이다. 숙소 예약에는 좀 더 많은 정보가 필요하다. 나는 호텔을 중심으로 한 여행담을 담아 책을 펴냈을 정도로 여행에 있어 숙박을 중요하게 생각한다. 그래서 가격이나 위치는 물론이고 차별화된 스토리나 서비스 여부를 고려해 신중하게 숙소를 고른다. 원하는 곳을 찾은 다음 가장 좋은 가격이나 혜택을 제공하는 플랫폼에서 결제를 마친다. 어떤 나라를 처음 방문할 때, 공항에서 대중교통을 어떻게 이용해야 할지 걱정된다면 클룩이나 마이리얼트립을 통해 픽업 차량을 예약해두기도 한다.

지금까지 한 번도 언급되지 않은 여행 서비스는 무엇일까? 바로 대형 여행사다. 예전에는 여행사 웹사이트나 카탈로그를 보며 이미 준비되어 있는 여행 상품을 탐색했지만, 이제는 가고 싶은 여행지를 정한 뒤 원하는 일정에 따라 항공권을 비롯한 교통편과 숙소를 각각 예약한다. 여행자의 소비구조는 어떻게 이런 형태로 분화된 것일까? 이를 이해하기 위해서는 한국 해외여행 상품의 변천 과정을 돌아볼 필요가 있다.

한국인의 해외여행, 어떻게 변화해왔을까?

1989년 해외여행 금지 조치가 해제되면서 한국인의 해외여행 시대가 본격적으로 열렸다. 1세대 여행업을 주도한 것은 여행사였다. 당시에는 개인이 항공권과 숙소를 예약하는 것이 불가능했고, 그러한 환경에서 출현한 최초의 여행 상품이 지금의 패키지여행이다. 패키지여행 상품에는 항공편과 숙박뿐만 아니라 가이드의 현지 투어 안내까지 포함되어 있다. 이처럼 각종 예약에 '관광'까지 한 큐에 해결된다는 것이 패키지여행의 큰 강점이다. 패키지여행 모델이 급성장한 요인으로는 크게 세 가지를 꼽을 수 있다. 여행 정보의 불균형, 현지 의사소통에 대한 두려움, 그리고 항공권과 숙소 예약의 어려움이다. 그중에서도 항공권과 숙소 예약이 큰 문제였는데, 당시에는 여행자가 개별적으로 이를 해결할 수 없고 반드시 여행사를 통해 여행 상품을 구매해야 했기 때문이다. 이러한 초창기 해외여행 소비자의 세 가지 고충을 패키지여행 상품이 완벽히 해결해주었다. 그 결과 현재까지도 패키지여행 상품은 여행 산업을 견인한 메인 스트림으로 자리하고 있다.

1990년대 말, 인터넷의 출현으로 여행업은 첫 번째 변화를 맞이했다. 제한적이나마 온라인상에서 여행 정보를 얻을 수 있게 되면서 '일정의 자유'를 원하는 사람들이 생겨난 것이다. 이때부터 여행 출판업도 활발해져 일본 서적을 번역한 가이드북이나 오지 무용담에 가까운 에세이의 일변도에서 벗어난, 구체적인 해외여행 경험과 정보를 다룬 서적과 간행물이 늘어났다. 이 즈음 패키지여행에서 발전된 형태의 여행 상품인 '에어텔'이 등장했다. 에어텔은 방대한 영업망을 가진 여행사가 항공편과 숙박만 해결해주고 현지 일정은 여행자가 자유롭게 짤 수 있는 상품이다. 그런데 이보다 더 중대한 변화가 있었으니, 인터넷망에 기반해 항공편이나 숙소를 실시간으로 예약할 수 있는 온라인 서비스의 탄생이다. 오늘날 전 세계 온라인 여행 서비스OTA, Online Travel Agency를 주도하는 양대 산맥인 익스피디아와 프라이스라인은 각각 1996년과 1997년에 설립됐고 한국의 초창기 여행 예약 시장을 주도한 인터파크 또한 1997년에 문을 열었다. 이들 모두 인터넷의 대중화와 함께 태어나 성장한 기업들이다.

이로부터 약 10여 년이 지나, 스마트폰이 등장하면서 온라인 여행 플랫폼의 성장이 가속화됐다. 소비자가 직접 항공권과 숙소를 예약하기 시작하자 이 시장에 뛰어드는 예약 서비스 업체들이 폭발적으로 증가했고 이 서비스들의 가격을 비교해주는 메타서치meta search 서비스도 생겨났다. 스카이스캐너, 트리바고, 카약과 같은 가격 비교 서비스는 개별 항공사나 숙박 업체와 직접 계약을 맺지 않고도 실시간으로 판매가를 조회해 한눈에 볼 수 있게 정리해준다. 이 서비스들은 소비자와 OTA를 연결해주며 막대한 중개 수수료를 획득하는데, 이는 소비자의 '정보 불균형'을 해소해주는 대가라고 볼 수 있다. **그렇다 보니 메타 서치 서비스의 핵심 과제 역시 '어떻게 하면 가격 정보의 불균형을 더 잘, 더 빠르게 해소할 수 있을까?'다.** 이 과제를 풀어가는 과정에서 항공권과 숙소 검색 기술이 향상됐고, 덕분에 메타 서치 서비스는 더욱 전문적이고 강력하게 진화해왔다.

한편, 아이폰이 등장하고 2년이 지난 2009년에는 해외여행 예약의 노하우와 프로모션 정보를 공유하는 네이버 카페 '스사사(스마트 컨슈머를 사랑하는 사람들)'가 문을 열었다. 스사사가 10여 년 만에 77만 명의 회원을 보유한 초대형 커뮤니티로 성장한 배경에는 글로벌 검색엔진을 활용해 여행을 스스로 디자인하는 자유여행자FIT, Free Independent Traveler의 급격한 증가가 있다.

한국의 해외여행 업계는 이러한 변화를 어떻게 수용했을까? 물론 하나투어를 비롯한 국내 대형 여행사들도 온라인 예약과 개별 여행의 흐름에 맞춰 많은 변화를 시도했고, 실제로 변화했다. 그러나 매출의 50~80% 이상을 차지하는 패키지여행 상품에 비해 '발권 수수료'에 불과한 수준의 미미한 수익성을 가진 자유여행 상품에는 소극적으로 대응했다. 반면에 글로벌 OTA 업체들은 10여 년 전부터 한국 시장에 체계적으로 접근하여 몸집을 불렸다. 지금은 TV나 지하철역 등 곳곳에서 이 업체들의 광고를 쉽게 접할 수 있지만, 초창기에는 포털의 검색 결과를 장악하는 방식의 물밑 작업부터 시작했다. 오프라인 여행사나 전화 등 다양한 예약 채널을 보유한 여행사와는 달리 온라인 서비스는 결제가 온라인상에서만 이루어진다. 따라서 어떻게든 결제로 연결되는 온라인 콘텐츠부터 선점해야 한다는 점을 이들은 잘 알고 있었던 것이다. 내가 여행 블로그를 운영하면서 처음으로 아고다 해외 지사의 협업 제안을 받았던 게 무려 2009년이었다. 당시 아고다 측은 블로거에게 자연스러운 여행 콘텐츠를 만들고 그 콘텐츠의 적당한 대목에 아고다 웹사이트로 연결되는 하이퍼링크를 넣어달라고 요구했다. 요즘은 흔하게 볼 수 있는 블로그 마케팅의 초기 모델인 셈이다. 그렇게 포털 사이트 내 콘텐츠에서부터 기반을 다진 OTA 업체들은 오늘날 한국인이 자유여행을 설계하고 예약할 때 빼놓을 수 없는 서비스로 자리 잡았다.

2018년을 기점으로 탑항공, 더좋은여행 등의 국내 중소형 여행사가 줄줄이 도산하고 폐업하는 사태가 이어졌다. 그제야 글로벌 여행 플랫폼의 위력이 각종 매체에서 언급되며 수면 위로 떠올랐다. 여행자가 직접 일정을 설계하는 자유여행은 전체 여행 소비 시장을 견인하는 가장 큰 시장이 됐다. 희망하는 여행의 형태를 묻는 설문조사에서 자유여행(항공·숙박 직접 예약) 항목의 응답률은 2007년에는 18%에 불과했으나 2018년에는 39.7%나 차지했다. 여행사의 자유여행 상품 응답률까지 합치면 75%가 넘는다. 패키지여행 항목의 응답률이 2007년 28.3%에서 14.2%로 절반 가까이 줄어든 것과 매우 대비된다.[1] 또한 세종대학교 관광산업연구소와 리서치 전문기관 컨슈머인사이트가 조사한 결과에 따르면 2018년 상반기 해외여행객이 숙박 예약 시 글로벌 OTA를 이용하거나 직접 예약한 비중은 83.6%에 달한 반면, 국내 여행사에서 예약한 수치는 7.4%에 그쳤다. 항공 예약은 어떨까? OTA를 이용하거나 직접 예약한 경우가 66.9%로, 여행사를 이용한 경우(19%)보다 3배 이상 많았다.[2] 문제는 전통적인 여행 소비구조가 무너지고 글로벌 서비스 업체가 한국의 여행 예약 시장을 잠식했음에도 뚜렷한 경쟁력을 갖춘 국산 여행 플랫폼이 아직 없다는 것이다.

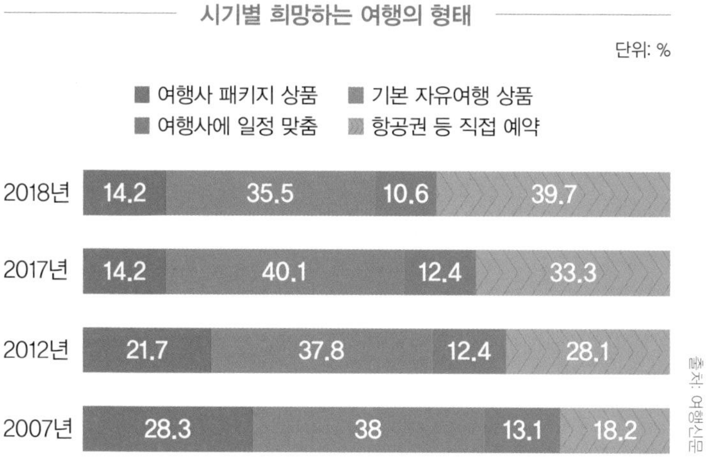

시기별 희망하는 여행의 형태
단위: %
여행사 패키지 상품
기본 자유여행 상품
여행사에 일정 맞춤
항공권 등 직접 예약
2018년 14.2 35.5 10.6 39.7
2017년 14.2 40.1 12.4 33.3
2012년 21.7 37.8 12.4 28.1
2007년 28.3 38 13.1 18.2
출처: 여행신문

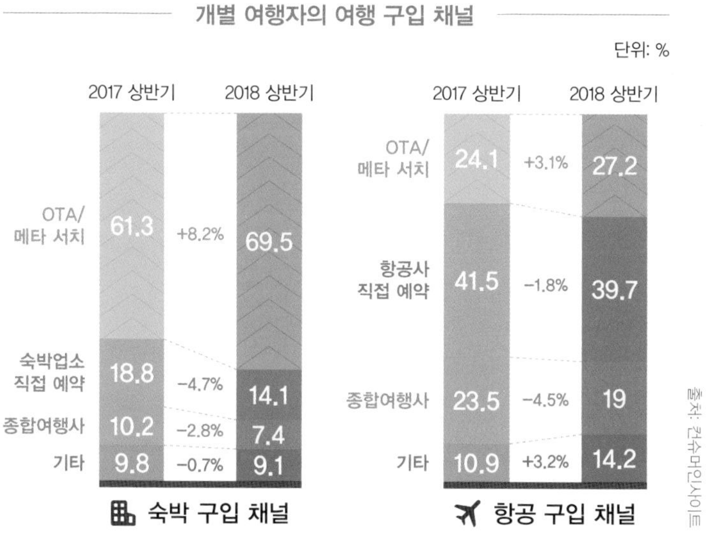

개별 여행자의 여행 구입 채널
단위: %
2017 상반기
2018 상반기
OTA/
메타 서치
61.3
+8.2%
69.5
숙박업소
직접 예약
18.8
-4.7%
14.1
종합여행사
10.2
-2.8%
7.4
기타
9.8
-0.7%
9.1
숙박 구입 채널
2017 상반기
2018 상반기
OTA/
메타 서치
24.1
+3.1%
27.2
항공사
직접 예약
41.5
-1.8%
39.7
종합여행사
23.5
-4.5%
19
기타
10.9
+3.2%
14.2
항공 구입 채널
출처: 컨슈머인사이트

여행 소비의 판도를 바꾼 밀레니얼 세대

앞으로 여행 소비는 어떻게 변화할 것인가? 여행 서비스가 많아졌으니 소비자는 그저 TV 광고나 온라인 마케팅을 보고 간편하게 선택할까? 개인적으로는 그 반대라고 본다. 지금의 밀레니얼 세대는 남은 인생 내내 해외여행을 다닐 첫 번째 세대이자 가장 강력한 미래 소비자다. 주로 1981년부터 1996년 사이에 태어난 사람들을 밀레니얼 세대라 부르는데, 유소년기에 정보통신 기술의 큰 과도기를 겪은 이들은 비단 여행뿐 아니라 전 산업 분야에서 가장 중요한 소비자로 주목받고 있다. 밀레니얼 세대는 전통적인 마케팅이나 광고보다는 주변의 평판이나 온라인 신뢰도를 기준으로 소비한다. 그리고 여행 역시 정확히 같은 방식으로 소비하기 시작했다.

스마트 소비를 지향하는 밀레니얼 세대의 광범위한 정보력은 여행 정보를 접하는 최초 경로에서부터 엿보인다. '옆 부서 김 과장이 몰디브에 다녀왔는데 50만 원밖에 안 들었대!', '40만 원짜리 남미 왕복 항공권이 나왔다면서?'라는 소식들이 단체 채팅방에서, 애플리케이션 알림창에서, 각종 커뮤니티에서 쏟아져 나온다. 누구나 여행 예약의 노하우를 알고 싶어 하고, 언제든 마음만 먹으면 쉽게 학습할 수 있는 세상이 된 것이다. **밀레니얼 세대는 어떤 여행 정보를 확보하느냐에 따라 남은 인생 동안 즐길 수 있는 여행의 횟수와 퀄리티가 결정된다는 사실을 잘 알고 있다.** 또한 이들은

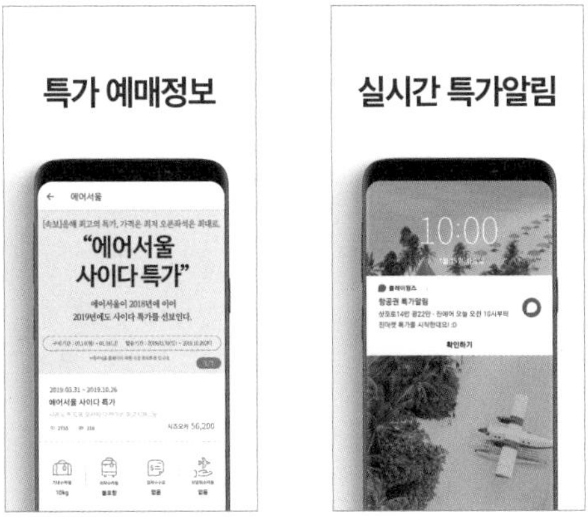

출처: 구글 플레이 스토어

> 항공 특가를 실시간으로 알려주는 애플리케이션, 플레이윙즈.

온라인에서 항공권과 숙소를 예약하는 일련의 과정에 상당 기간 학습된 세대이기도 하다. 가격 정보가 평준화되고 흔해질수록 여행 예약 과정에서 가격은 매력적인 선택 요인으로 작용하지 못한다. 따라서 소비자는 가격 이외에 작지만 강력한 가치를 확실하게 제공하는 여행 서비스로 자유롭게 이동할 것이며, 그 이동을 가로막는 장벽은 갈수록 낮아질 것이다. 당분간은 다양한 여행 서비스 업체들이 파이 싸움을 하며 자연스럽게 경쟁력을 확보하거나 도태되는 과정을 거칠 것으로 예상된다.

그렇다면 여행 예약 서비스는 어떻게 진화할까? 지난 20년간 큰 호황을 누린 OTA도 결코 영원히 이 시장을 독점할 수는 없을 것이다. OTA는 소비자가 수많은 여행 상품을 쉽게 비교하고 예약하게 해주며, 공급자인 숙박 업체와 항공사가 자사의 브랜드를 노출시키고 온라인 구매자에게 빠르게 접근하도록 도와준다. 하지만 숙박 업체의 입장에서는 OTA를 통해 예약을 받는 것이 마냥 좋지만은 않다. 숙박 요금의 15~20%에 달하는 높은 수수료를 OTA에 지불해야 하기 때문이다. 게다가 OTA에서의 숙박 예약은 업체와 충성 고객의 장기적 관계를 구축하기보다는 가격 민감도가 높은 소비자에게 일시적으로 팔려나가는 경향을 보인다. 결국 브랜드의 차별화나 가치를 제공하지 못하는 숙박 업체는 가격경쟁에서 밀리고 만다. 이런 문제가 점차 심화되자 글로벌 호텔 그룹 메리어트 인터내셔널은 프런트에서 OTA 예약자와 자사 웹사이트 예약자를 구분해 자사 웹사이트 예약자에게만 추가 서비스를 제공하겠다는 노골적인 차별 정책을 발표하기도 했다. 또한 대부분의 글로벌 호텔 그룹들이 정기적인 세일을 통해 OTA보다 경쟁력 있는 가격에 객실을 판매하기 시작했다. 이처럼 숙박 업체와 OTA는 공생 관계인 동시에 '숙박 상품'을 판매하는 주체로서 경쟁 구도를 이룬다. 여전히 승패가 갈리지 않은 채 계속되고 있는 이 각축전의 메인 플레이어, OTA에 대해 좀 더 자세히 알아보도록 하자.

자유여행 시장을 주도하는 큰손

- 여행 예약 서비스와 가격 비교 플랫폼

>

얼마 전 베트남 하노이로 출장을 갈 일이 있었다. 그런데 출장을 준비하면서 예닐곱 곳의 호텔을 각각 다른 웹사이트에서 예약했다는 사실을 뒤늦게 알아챘다. 그 과정은 다음과 같다. 힐튼과 아코르Accor 계열의 체인 호텔은 마침 세일 행사 중이었다. 글로벌 체인 호텔은 해마다 세일 행사를 진행하므로 이 기간을 잘 맞추면 OTA보다 저렴한 가격에 예약이 가능하다. 실제로 힐튼닷컴에서 가격을 조회해보니 같은 날 아고다나 호텔스닷컴의 판매가보다 저렴해서 즉시 세일가로 예약을 마쳤다. 다음은 인터컨티넨탈 호텔의 차례였는데, '네이버 호텔'에서 검색했을 때 의외로 하나투어에서 최저가로 예약할 수 있었다. 최근 들어 국내 대형 여행사들도 대대적인 호텔 예약 마케팅을 진행하곤 하는데, 단체여행용 숙소를 워낙 많이 공급받는 업계의 '큰손'인지라 가끔씩 매우 저렴한 가격에 객실을 제공하기도 한다. 또 다른 호텔의 경우에는 프라이스라인을 이용하는 것이 제일 저렴했다. 지금까지 언급한 웹사이트만 해도 네 곳이나 된다. 여기에 에어비앤비도 포함시키면 단 열흘간의 해외 숙박을 위해 무려 다섯 곳의 예약 서비스 업체를 이용했다는 이야기다.

가격 비교 서비스가 가져온 선택의 자유

만약 숙박 가격을 비교하고 최적화하는 과정에 많은 시간과 노력이 필요하다면 한두 곳의 서비스를 통해서만 알아보고 결제할 것이다. **하지만 여러 서비스의 가격을 비교하는 단계가 비약적으로 단축되면서 더 이상 고객이 단일한 여행 서비스에 충성하지 않는 시대가 열렸다.** 이러한 현상은 서로 다른 OTA를 비교해주는 메타 서치 서비스, 즉 호텔스컴바인이나 스카이스캐너와 같은 실시간 가격 비교 서비스가 출현하면서 가속화됐다. 여기에 양대 포털 서비스인 네이버와 카카오까지 여행 검색 시장에 뛰어들었다. 네이버의 경우 '네이버 항공'에 이어 '네이버 호텔', 최근에는 가이드 투어와 티켓 및 패스 상품의 최저가를 검색해주는 '네이버 투어'를 론칭했다. 카카오도 유사한 서비스를 선보였는데, 카카오톡에서 전체 서비스를 클릭하면 교통·지도 카테고리에 '카카오 항공'이라는 메뉴가 있다. 카카오 항공도 여러 여행사의 항공권을 검색해서 실시간으로 최저가를 찾아준다. 때문에 소비자는 여러 서비스에서 항공과 숙박을 따로따로 탐색하더라도 1~2시간 정도만 투자하면 대부분의 결제를 마무리할 수 있다. 이처럼 메타 서치 서비스의 출현은 '가격 정보의 불균형'을 무너뜨리고 누구나 항공편과 숙박의 최저가를 빠르게 확인할 수 있게 만들었다. 따라서 이를 여행 소비의 패턴을 변화시킨 가장 결정적인 요인으로 꼽을 수 있다.

항공과 숙박에 있어서 가격 정보가 이토록 중요한 이유는 무엇일까? 일반 재화와 달리 항공권과 객실의 가격에는 '정가'가 없기 때문이다. 항공과 숙박은 수요와 공급에 따라 가격이 매우 민감하게 변동되는 특수 상품이다. 특히 성수기와 비수기의 수요가 크게 차이 나기 때문에 가격도 그에 따라 오르내릴 수밖에 없고, 여행사는 이 특성을 활용해 매출을 극대화해왔다. 여행사는 항공사로부터 항공권을 대량으로 싸게 확보한 후 성수기에 이를 최대한 비싸게 팔아서 이윤을 남기는 방식으로 여행을 판매한다. 이때 가격 정보를 온전히 가진 주체는 여행사뿐이다. 하나투어나 인터파크 투어 등 한두 곳에서만 항공권을 검색할 때 소비자는 해당 여행사가 제공하는 가격 중에서만 선택할 수 있다. 그런데 메타 서치 서비스가 등장함으로써 수많은 여행사의 가격을 단 한 차례의 검색으로 모두 확인할 수 있게 됐고, 소비자에게는 엄청난 선택의 자유가 주어졌다. 더불어 항공사도 직접 판매를 늘릴 수 있게 됐다. 그만큼 소비자의 충성도는 낮아지고 가격 민감도는 높아졌다고도 볼 수 있다. 결과적으로 항공사나 숙박 업체가 충성 소비자를 확보하려면 과거에 비해 훨씬 강도 높은 차별화를 이루어야 하니 업체에게는 새로운 과제가 생긴 셈이다.

그렇다고 해서 여행 소비자에게 메타 서치 서비스가 항상 완벽한 해결사가 되어주는 것은 아니다. 수년간의 TV 광고로 국내에서도 유명한 호텔 최저가 비교 서비스, 트리바고는 익스피디아의 자회사다. 경쟁사인 프라이스라인과 트립닷컴은 각각 카약과 스카이스캐너를 소유하고 있다. 다시 말해 세계 3대 여행사가 모두 메타 서치 서비스를 보유하고 있는 것이다. 왜 여행사들이 앞다투어 메타 서치 서비스를 소유하려 할까? 당연히 자사 계열 서비스의 매출을 극대화하는 데 도움이 되기 때문이다.

OTA의 소유 구조

하지만 소비자 입장에서는 가격 비교 서비스에서 최저가 상품을 클릭했을 때 의외로 비싼 상품만 나온다거나, 조그맣게 써 있는 '조식 불포함' 옵션을 확인하지 않아서 오히려 불리하게 예약을 하는 경우가 종종 발생한다. 좌석 형태의 선택지가 많지 않은 항공과는 다르게 숙박, 그중에서도 호텔은 객실 종류가 너무나 많아서 최저가를 비교하는 것이 기술상 쉽지 않다. 그래서 대륙과 지역에 따라 예약 서비스별 장단점이 다르고, 그 차이를 숙지하고 있어야 좀 더 똑똑하게 예약할 수 있다. 즉, 여행지마다 유리한 호텔 예약 서비스가 다르다는 말이다.

중국에 갈 때는 트립닷컴을, 미국에 갈 때는 호텔스닷컴을

대표적인 사례를 하나 살펴보자. 가격 비교 서비스에서 상하이에 있는 5성급 호텔인 랭햄 상하이 신텐디 호텔을 조회해보았다. HRS, 아고다, 호텔스닷컴 등 다양한 예약 서비스들이 최저가순으로 검색된다. 그런데 자세히 보면, 트립닷컴을 제외한 다른 서비스의 항목에는 '객실만 제공'이라는 옵션이 아주 작게 표시되어 있다. 게다가 각 서비스 간의 가격 차이는 몇 백 원~1천 원 수준으로 미세하다. 하마터면 최저가라는 것만 보고 조식도 제공되지 않는 객실을 예약할 뻔한 것이다. 여기서 한 가지 더 알아둬야 할 포인트가 있다. 바로 랭햄 상하이 신텐디 호텔의 조식 뷔페 가격은 인당 300위안, 한화로 무려 5만 원이 넘는다는 점이다. 이렇게 보니 호텔의 최저가 단순 비교가 어떤 취약점을 지니는지 선명히 드러나지 않는가?

이것은 각 호텔 예약 서비스가 운영하는 영업망의 규모와 힘이 지역에 따라 크게 차이 나기 때문에 발생하는 현상이다. 그렇다면 중국(대륙) 및 중화권에서 가장 큰 영업망을 가진 호텔 예약 서비스는 무엇일까? 단연 트립닷컴이다. 트립닷컴은 중국 여행업계의 1위를 차지하고 있는 기업으로, 미국 나스닥에 상장되어 있고 한국에서도 서비스를 운영 중이다. 전 세계 호텔에 가장 많은 중국인을 보내는 것으로도 유명한 트립닷컴은 중화권을 기반으로 한 강력한 가격 경쟁력을 확보하고 있다. 어떤 호텔이 트립닷컴의 메인 프로모션이나 검색 결과 상단에 노출되려면 반드시 타사에 비해 경쟁력 있는 세일가를 제시해야만 하기 때문이다. 그러므로 중화권 호텔을 저렴하게 예약하고자 하는 소비자는 트립닷컴에 들어가기만 하면 된다. 굳이 시간을 들여 다른 서비스에서 가격을 비교할 필요가 없다. 같은 맥락에서 미국이나 유럽에 있는 호텔은 호텔스닷컴, 익스피디아 등 미국 기반의 글로벌 예약 서비스들이 더 좋은 가격에 객실을 제공하는 경우가 많다.

물론, 이와 같은 서비스 간 지역별 차이는 시간이 갈수록 점차 좁아지는 추세다. 동일 상품에 대해 특정 서비스의 가격이 유난히 높거나 낮게 설정되더라도 실시간으로 가격 차이를 확인할 수 있는 세상이다 보니 매우 빠르게 가격이 조정되기 때문이다.

또한 OTA가 가져가는 막대한 중개 수수료에 대처하기 위해 전 세계 호텔 업체들은 자사 공식 웹사이트를 통해 직접 예약direct booking을 하는 고객에게 추가 서비스나 무료 숙박권을 제공하고 있다. 아무래도 호텔들은 예약 중개만 해주고 건당 15~25% 이상의 높은 수수료를 가져가 돈을 버는 OTA가 그다지 달갑지 않다. 따라서 공식 웹사이트를 이용한 호텔들의 마케팅은 앞으로 더 늘어날 것으로 예상된다. 이런 현상은 최근 항공 업계에서도 두드러지게 나타난다. 앞에서 호텔 예약에 대해 자세히 살펴보았으니, 이번에는 항공 예약과 관련된 최근의 동향을 알아보자.

저비용 항공사의 대중화, 그 후의 이야기

2016년 3월 15일, 여느 때와는 다르게 기사 대신 커다란 세계지도가 CNN 웹사이트의 여행 섹션을 차지했다. 지도와 함께 CNN의 뉴스 진행자인 리처드 퀘스트Richard Quest가 세계 일주에 도전 중이라는 소식도 전해졌다. 그는 런던에서 출발해 8일 동안 총 9개의 도시에 다녀올 예정이었는데, 모든 구간의 항공에서 저비용 항공사LCC, Low Cost Carrier[3]만 이용한다는 점이 특이했다. 궁금증이 생겨 지도를 자세히 보니 놀랍게도 지도 위의 점이 조금씩 움직이고 있었다. 그 지도는 단순한 이미지가 아니라 리처드의 위치가 실시간으로 표시되는 인터랙티브 맵이었던 것이다. 리처드는 트위터와 인스타그램에서 모든 여행을 생중계했고, 해당 여행지의 정보 역시 SNS를 통해 실시간으로 얻었다. 두바이에 도

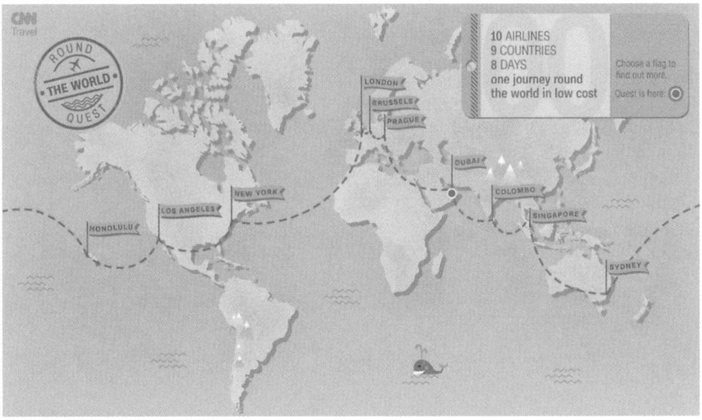

출처: CNN

> 세계 일주 중인 리처드 퀘스트의 위치가 실시간으로 표시되는 지도.

착한 그가 '낙타 고기 햄버거를 먹고 싶은데 어디서 팔죠?'라는 트윗을 올린 뒤 얼마 지나지 않아 그의 트위터에는 행복한 얼굴로 낙타 고기 햄버거를 먹는 인증 사진이 업로드됐다. 자꾸만 그의 SNS를 들여다보게 될 만큼 흥미진진한 이벤트였다. 과연 리처드는 저비용 항공사만 이용하고도 성공적으로 세계 일주를 마칠 수 있었을까?

200만 원이면 세계 일주 항공권을 살 수 있다?

리처드가 떠났던 8일간의 세계 일주 루트는 런던 → 브뤼셀 → 프라하 → 두바이 → 콜롬보 → 싱가포르 → 시드니 → 호놀룰루 → 로스앤젤레스 → 뉴욕 → 런던이었다. 저비용 항공사가 싱가포르-(호주-)하와이를 잇는 장거리 노선에 취항하면서 이런 루트가 가능해졌는데, 덕분에 아시아 대륙에서 미국으로 이동하는 비용이 크게 저렴해졌다. 대표적인 예로는 이 세계 일주 실험에서 리처드가 이용하기도 했던 젯스타의 시드니-호놀룰루 노선, 에어아시아의 오사카/쿠알라룸푸르-호놀룰루 노선 등이 있다. 이때 가장 궁금해지는 건 역시 세계 일주에 들어간 총비용이다. 그런데 전체 비용을 합산해보니 놀랍게도 대략 2,000달러밖에 되지 않았다. CNN은 저비용 항공사만으로도 세계 일주를 할 수 있는 시대, 즉 항공의 이용료가 파격적으로 낮아진 시대가 됐다는 것을 실험을 통해 직접 보여주었다. 더불어 단 8일이면 모든 대륙을 골고루 다니며 지구를 한 바퀴 돌 수 있다는 것도 증명해냈다.

항공료와 항공 노선 경쟁은 저비용 항공사만의 이야기가 아니다. 스카이스캐너와 카약은 내가 원하는 곳으로 가기 위한 항공권을 원하는 시점에 구매하고자 하는 소비자에게 수십 곳의 여행사와 항공사가 판매하는 항공권들을 실시간으로 보여준다. 이렇게 여행사를 거치지 않고 항공권을 직접 예약하는 여행자가 급속도로 늘어나면서 항공 검색엔진은 해외여행 준비의 필수 서비스로 자리 잡았다. 이 검색엔진을 이용해 항공권을 검색하면 대형 항공사와 저비용 항공사의 구분 없이 오직 최저가순으로 결과가 정렬되기 때문에 자연스럽게 항공사들 사이에 가격경쟁

구도가 형성된다. 이러한 과정에서 항공사를 향한 브랜드 충성도는 빠르게 낮아지고 있다. 비용을 낮추거나 차별화된 서비스를 갖추지 않는다면 아무리 대형 항공사라 해도 소비자의 관심을 끌기 어려워진 것이다. 또한 항공사가 전산망을 통해 24시간 내내 항공권을 판매하면서 실시간으로 가격을 변동하다 보니, 항공사조차 자사의 항공권 가격이 어떻게 정해지는지 모를 만큼 기형적인 데이터 구조를 갖게 됐다. 이 점이 잘 드러나는 사례 하나를 살펴보자.

지난 2017년 7월에 멕시코항공이 한국에 취항했다. 정식 취항을 두 달여 앞둔 5월 무렵, 여행 커뮤니티에 깜짝 놀랄 소식이 올라왔다. '멕시코항공의 한국-리마(페루의 수도) 구간 항공권이 30만 원대에 판매되고 있다'는 정보였다. 원래 해당 항공권의 평균 판매가는 100만 원대였으니, 기존 가격의 3분의 1 정도밖에 되지 않는 가격이었다. 이 소식은 카카오톡과 각종 SNS를 비롯한 온라인 커뮤니티를 타고 순식간에 퍼져나갔다. 도저히 믿기지 않아 스카이스캐너에 접속해 직접 한국-리마 구간 항공권을 조회해봤다. 그런데 해당 구간뿐만 아니라 인천에서 남미 주요 도시로 향하는 왕복 항공권이 정말로 30~40만 원대의 가격에 판매되고 있었다! 이 터무니없는 가격은 항공사의 전산 오류로 인해 잘못 산정된 것으로 밝혀졌다. 사실 이는 항공 업계에서 종종 발생하는 일로, 흔히 에러 페어error fare라고 부른다. 에러 페어가 발생했을 때 항공사들은 보통 이미 판매된 항공권에 한해 사용할 수 있도록 하거나 해당 판매를 무효 처리하고 환불해주는 방식으로 대처한다. 멕시코항공은 30만 원대 항공권을 구매한 모든 고객들에게 '인정honor' 처리를 해주었고, 많은 사람들은 놀라게 한 일명 '남미 대란'은 그렇게 화제 속에 마무리됐다. 여담이지만 그해 여름 휴가철에는 남미 대란 때문에 리마에서 휴가를 보낼 수밖에 없었다는 웃지 못할 여행기가 온라인 커뮤니티를 장식하기도 했다. 이 사건으로 멕시코항공의 한국 취항 소식이 빠르게 퍼졌으니 멕시코항공은 본의 아니게 홍보 효과를 톡톡히 본 셈이다. 그래서 이 남미 대란이 에러 페어가 아닌 의도적인 저가 전략이었다고 보는 이들도 있었다. 검색 기술의 발전으로 소비자가 항공권의 가격을 실시간으로 확인할 수 있게 된 환경을 역이용한 마케팅이라는 것이다.

더욱 투명하게 공개되는 가격 정보

수요와 공급을 정교하게 측정해서 그때그때 가격을 조정하는 일에는 한계가 존재하는 데다가, 전 세계의 허브 공항(승객과 화물을 집결시키고 분산시키는 중계지 역할을 하는 중추 공항)을 중심으로 수많은 경유 노선이 조합되기 때문에 항공권의 가격 설정 알고리즘은 점점 더 복잡해지고 있다. 그래서 꼭 에러 페어가 아니더라도 대형 항공사의 항공권이 말도 안 되는 가격에 판매되는 일은 비일비재하다. 그렇다면 소비자들이 항공사가 미처 발견하지 못한, 알고리즘의 사각지대에 놓여 있는 항공권의 가격 정보를 더 많이 가지게 될 경우 더 낮은 비용으로 질 높은 여행을 할 수 있지 않을까?

이러한 항공사의 빈틈을 놓치지 않고 집단 지성을 활용해 사각지대를 공략하는 항공권 검색 서비스가 등장했는데, 대표적인 것이 호주의 플라이트폭스Flightfox다. 플라이트폭스는 주로 기업 여행을 위한 항공권 예약을 대행한다. 고객의 요청에 따라 검색 전문가들이 직접 손품을 팔아서 단체 항공권을 찾아주고 수수료를 받아 수익을 낸다. 지금은 사라졌지만 국내에서도 이와 유사한 서비스가 운영된 적이 있다. 플라이트폭스와는 달리 개별 여행자를 겨냥한 플라이트그래프Fltgraph로, 독보적인 검색 기술을 무기로 빠르게 성장했고 본격적인 서비스를 시작한 지 약 2년 만에 티켓몬스터에 인수됐다. 특히 항공 여행의 고수가 먼저 찾아낸 초저가 항공 루트를 그대로 따라 살 수 있는 다구간 항공권 검색엔진 '팔로우 온Follow on'이 이 서비스의 핵심 기술이었다.

하지만 티켓몬스터가 2018년 10월부로 해당 사업부를 철수하면서 플라이트그래프의 서비스는 영원히 사라지게 됐다. 전 세계적으로 유례가 없을 만큼 혁신적인 항공 가격 정보를 제공한 서비스였음에도 불구하고 사업성을 증명하지 못해 문을 닫게 된 것이 못내 아쉽다. 개인적으로 플라이트그래프는 보수적인 항공 업계 구조에서 버티기 힘든 형태의 서비스였다고 생각한다. 플라이트그래프가 티켓몬스터에 인수된 직후인 2017년 7월에 보도된 플라이트그래프의 창업자 김도균 대표의 인터뷰를 보면 뚜렷한 수익 모델의 부재가 운영 중단의 핵심 원인임을 엿볼 수 있다. 플라이트그래프가 수익 모델을 확보할 수 없었던 것은 항공사와 여행사(항공권 판매 대행사)의 수수료 배분 구조 때문이다. 이 인터뷰에서 김 대표는 "기준 이상의 매출을 달성하면 (항공사가 여행사에게) 3~3.5%의 수수료를 지급하는 방식이다. 우린 아직 초기 단계라 이를 받기 어렵다. 글로벌 론칭 전까지 일정 수준 이상의 사용자를 확보하는 게 관건"이라고 밝히기도 했다.4 IT 서비스가 단기간에 많은 사용자를 확보하려면 TV 광고나 포털 광고 등 큰

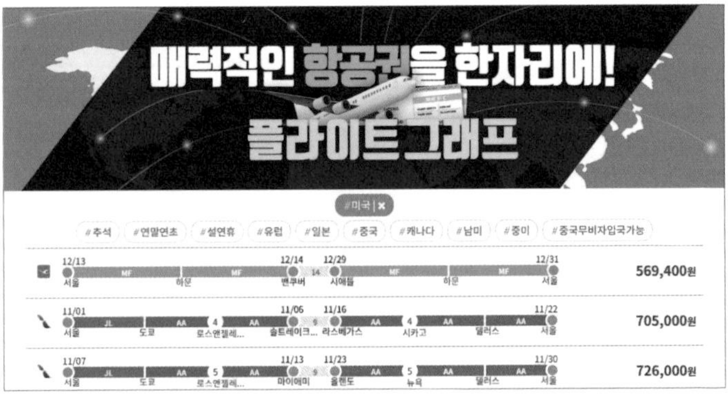

출처: 플라이트그래프 공식 블로그

› 집단 지성을 이용해 저렴한 항공권을 구매할 수 있는 항공권을 찾을 수 있는 항공권 검색 서비스, 플라이트그래프. 아쉽지만 현재는 폐업하여 이용할 수 없다.

비용이 드는 '물량 공세'형 마케팅 외에는 딱히 방도가 없다. 수수료가 유일한 수익원인 것이나 마찬가지인 항공 검색엔진은 애초부터 장기간의 투자가 필요한 서비스인 것이다.

하지만 큰 틀에서 볼 때 항공 검색 서비스는 소비자에게 더 투명하게 가격 정보를 공개하는 방향으로 진화할 것으로 전망된다. 저비용 항공사의 대중화는 단지 여행자의 여행 횟수를 늘려주고 예산을 낮춰준 것에서 나아가, 대중들이 항공을 이용하는 여행에 더 자주 노출되고 이를 학습하도록 만들었다. 학습된 항공 여행자들은 저비용 항공사가 기본료는 저렴하지만 탑승 서비스 측면에서 대형 항공사에 미치지 못한다는 사실을 경험적으로 체득한다. 따라서 항공 여행은 단순히 비용을 아끼기보다 같은 예산으로 더 좋은 서비스를 받을 수 있는 쪽을 추구하는 방향으로 발전할 것이다. 이때 최저가순으로만 줄 세워 보여주는 기존의 메타 검색엔진은 소비자의 니즈를 채우기에 다소 부족하다. **대형 항공사 위주로 개별 맞춤형 항공 루트와 비용을 산출해주는 서비스야말로 자신의 욕구와 일정에 맞춰 여행을 설계하려는 지금의 여행자에게 가장 필요한 서비스다.** 플라이트그래프의 한계를 극복한 새로운 항공 검색엔진이 빠른 시일 내에 다시 출현하지 않을까 기대해본다.

밀레니얼 세대에게
여행사와 가이드북이 필요 없는 이유

>

2018년 4월 29일, 포털 사이트 메인 화면에 관광 관련 뉴스가 올라왔다. 이는 흔치 않은 일이라 눈에 띄었다. '태국 인플루언서 "한국은 한 번이면 충분… 일본은 볼 게 많아"'라는 제목의 기사로, 한국을 방문한 태국의 유명 인플루언서를 인터뷰한 내용을 다뤘다. 다소 자극적인 제목과는 달리 그 인플루언서가 한국에 실제로 '볼거리'가 없다고 지적한 것은 아니었다. 그녀가 말한 한국 관광의 문제점은 '태국의 기성세대조차 매력을 느끼지 못하는 한국의 패키지여행 코스'였다. 그녀는 "서울의 패키지여행 코스에는 경복궁, 덕수궁, 조계사, 봉은사가 빠지지 않는데 사실 왕궁과 절은 태국에 더 많다"는 말과 함께 아주 중요한 이야기를 했다. 그녀는 스스로 서울의 여행 지도를 만든다고 생각하며 여행한다는 것이다.5 우리나라뿐만 아니라 대부분의 국가들은 자국의 관광지를 소개할 때 '타임라인(역사적 순서와 중요도)'을 기준으로 나열한다. 하지만 오늘날의 2030세대 여행자들은 '그 나라가 내게 보여주고 싶어 하는 것'이 아닌 '내가 그 나라에서 보고 싶은 것'에 더 큰 관심을 가진다. 따라서 새로운 세대에게는 기존의 여행이 전혀 먹히지 않는다. 이 점을 태국의 여행자가 정확히 짚어준 것이다.

수동적 관광을 거부하는 밀레니얼의 여행 문화

이 인터뷰에서 드러나듯, 밀레니얼 세대는 기존의 관광 산업이 제시하는 일반적 패턴의 관광에는 흥미를 느끼지 못한다. 이들의 여행 만족도는 여행지와 개인적인 상호작용을 얼마나 깊게 주고받을 수 있는지에 따라 달라진다. 여행자들이 스스로 '발견'할 여지를 주어야 한다는 것이다. 그러나 한국은 이 점을 외면한 채 아직도 공급자의 관점에서 관광지를 배열하고 소개한다. 여행지로서 보여주고 싶은 우선순위를 정해두고 그에 맞춰서 여행자에게 일정을 강요하는 셈이다. 우리나라뿐 아니라 소위 '관광선진국'이라 불리는 나라들 중에서도 이런 식의 여행을 제공하는 경우가 많다. 여행 인플루언서로 활동 중인 나는 세계 각국의 관광청으로부터 초청받아 여행을 다녀오고는 한다. 그런데 그중 몇몇 국가에서는 여행사의 상품과 거의 유사하게 구성된 코스를 따라 여행해야 했다. 마치 도장 깨기 하듯 유명 유적지나 사원을 방문하는 일정이 너무나 천편일률적이었다. 관광청에서 주최하는 관광 진흥 캠페인에 선발된 여행 인플루언서들의 평균 연령대는 30대 중후반인데, 이 점이 제대로 고려된 것인지 의문스러웠다. 자유여행 경험이 풍부한 이들은 수동적인 관광에 대한 만족도가 매우 낮기 때문이다. 그리고 나는 꽤 오래전부터 이러한 여행 소비층의 변화가 '여행사'라는 수동적 관광 모델의 쇠락과 깊게 연관되어 있다고 생각해왔다.

인터넷이나 스마트폰의 발달과 같은 기술적 요인만으로 전통적 여행사의 쇠락을 설명할 수는 없다. 이 현상은 밀레니얼 세대의 특성과 밀접한 관련이 있다. 이들은 소셜미디어에 자신의 경험을 축적하며 자아 정체성을 강화하는 새로운 세대다. 소유보다 경험을 중시하며, 누군가 만들어놓은 경험보다는 스스로 만들어가는 경험에 훨씬 높은 가치를 부여한다. 여기에 기술의 발전이 더해진 것이다. 지금의 밀레니얼 세대는 자신의 세분화된 관심사와 취향에 맞춰 여행을 스스로 디자인할 수 있는 도구(스마트 기기와 정보력)가 주어진 첫 번째 세대다. 앞의 기사에 언급된 태국의 인플루언서가 전통적인 여행사나 관광청이 아닌, 현지 투어 예약 서비스인 '클룩'과의 협업을 위해 한국을 방문했다는 사실에서도 이를 알 수 있다. 현지 투어 서비스는 원하는 장소를 원하는 시간에 둘러보는 여행의 자유도는 유지하되, 부분적으로 투어를 이용함으로써 좀 더 깊이 있게 여행을 즐기도록 도와준다.

또한 밀레니얼 세대가 소셜미디어를 여행 정보의 원천으로 삼기 시작하면서 기존에 존재했던 '이 나라(도시)에 왔으면 반드시 이곳에 들러야 한다'는 식의 고정관념이 깨졌다. 다른 사람이 추천한 곳이나 책에 소개된 곳보다 자신의 셀카를 더욱 돋보이게 해주는 배경으로서의 여행지를 선호하는 경향이 강해진 것이다. 물론, 이 경향이 또 다른 여행 코스의 획일화로 이어지기도 한다. 모두가 똑같은 곳에서 '인생샷'을 남기고 '맛집 도장 깨기'를 하려는 문화가 대표적인 사례다. 그럴지라도 계속 여행 경험을 쌓아가다 보면 밀레니얼 세대는 점차 자신만의 취향과 목표에 집중하는 여행을 지향하게 될 것이다.

여행 가이드북의 과거와 현재, 그리고 미래

스스로 지도를 만들며 여행하는 시대에 여행 가이드북은 어떤 역할을 할 수 있을까? 지난 30년간 여행 콘텐츠 업계를 가이드북 시리즈가 선도해왔다는 것은 부정할 수 없는 사실이다. 가이드북은 자신의 여행을 어떻게 설계할지 고민하지 않아도 되는, 패키지여행 위주의 해외여행 문화를 배경으로 성장했다. 한국의 초창기 여행 가이드북 시장을 이끌었던 것은 일본 다이아몬드 빅 사의 〈지구를 걷는 방법地球の歩き方〉 시리즈의 한국어판인 〈세계를 간다〉 시리즈(중앙일보)다. 1989년 해외여행 자유화를 기점으로

〈지구를 걷는 방법〉 시리즈의 대부분이 번역되어 국내에 출간됐다. 그렇게 1세대 여행 가이드북의 시대가 열렸고, 1990년대 말 〈100배 즐기기〉(알에이치코리아), 〈저스트 고〉(시공사)와 같은 2세대 가이드북 시리즈(이 시리즈들도 일서의 번역본으로 시작됐다)가 나올 때까지 〈세계를 간다〉의 독주가 이어졌다.

하지만 시간이 흘러 한국 여행 소비자의 니즈가 커지면서 일본발 정보는 더 이상 경쟁력을 유지할 수 없었다. 그러자 국내 여행작가들이 가이드북 시장에 투입되기 시작했다. 2세대 가이드북을 집필한 주체는 크게 두 부류다. 하나는 여행사를 운영하여 현지 사정에 밝은 이들이고, 다른 하나는 일찌감치 해외로 배낭여행을 떠난 이들이다. 여행 업계 종사자 출신의 저자가 집필한 가이드북은 패키지여행 상품에 포함된 단체 전용 식당이나 한식당을 버젓이 맛집으로 소개하는 경우가 많았고, 대부분 패키지여행 코스에 포함된 역사적 명소를 지역별로 나열하는 식으로 구성됐다. 이와는 달리 배낭여행을 기반으로 한 여행자 출신 작가는 저가형 여행에 유용한 숙소나 식당을 선별해 책에 실었다. 따라서 2세대 가이드북은 (패키지여행으로) 방문할 나라의 개괄적인 정보를 훑어주거나 여행 비용을 줄이기 위한 콘텐츠 중심이었다고 봐도 무방하다.

여기서 진화한 오늘날의 3세대 가이드북은 포털 사이트와 인스타그램에서 여행 정보를 얻는 밀레니얼 세대를 염두에 두고

출처: 이지앤북스

> 도시의 현재를 조명하는 새로운 형태의 잡지형 가이드북, 〈Tripful〉 시리즈.

만들어진다. 잡지에 가까운 크기와 구성이 특징인 〈Tripful(트립풀)〉 시리즈(이지앤북스)와 핸드북처럼 작은 크기의 〈홀리데이〉 시리즈(꿈의지도)에는 눈에 띄는 공통점이 있는데, 바로 나라가 아닌 도시 단위로도 가이드북을 펴낸다는 점이다. 이는 짧은 기간을 활용해 자유여행을 떠나는 2030세대 및 직장인 여행자에게

특화한 것으로, 무척 전략적인 기획 아래 가이드북을 제작했음을 알 수 있다. 또한 이 두 시리즈는 전통적인 관광 루트에 포함되는 역사적 명소 대신 맛집이나 카페, 사진이 잘 나오는 거리, 인테리어가 예쁜 숙소 등 젊은 세대의 관심을 끄는 여행 정보를 집중적으로 싣는다. 이러한 가이드북의 장점은 여행자가 여행 정보를 일일이 찾는 시간을 절약해주는 동시에 실패 가능성을 줄여준다는 것이다. 그러나 그 정보들이 시간을 들여 검색해보면 어떻게든 얻을 수 있는 것들이라는 단점도 있다.

이 대목에서 다음 세대의 가이드북이 갖춰야 할 기능이 무엇인지 예측할 수 있다. **나는 밀레니얼 세대의 만족도를 높이려면 보다 전문적인 테마와 구체적인 '큐레이션'이 필요하다고 본다.** 어떤 테마로, 어떤 관점에서 여행 정보를 묶고 소개할 것인지가 중요해진다는 뜻이다. 앞으로의 여행정보서 역시 이에 발맞추어 특정 분야나 테마에 집중해 전문가가 더욱 세밀하게 선별한 일정과 장소를 제안하는 형태로 발전할 것이라 생각한다. 이제 여행작가가 오직 '관광'의 관점에서 여행지를 조명하던 시대를 지나 각 분야의 전문가가 자신만의 시각으로 조명한 여행 정보를 제공하는 단계로 접어드는 것이다. 거창한 주제까지 갈 것도 없이 쇼핑(의), 미식(식), 건축(주) 등 우리의 일상 및 라이프스타일과 밀접하게 연결된 분야만 생각해봐도 단순히 해외여행을 많이 다닌 여행작가보다는 해당 분야의 전문성을 갖춘 저자의 콘텐츠가 더 구체적이고 정확할 수밖에 없다.

또한 여행의 목적도 더 세분화될 것이다. 이전과 달리 관광이나 휴양이 아닌 자신의 일과 삶을 향상시키기 위해 여행을 떠나는 사람들이 늘어날 것이며, 실제로 이런 현상을 반영하는 책들도 나오고 있다. 유럽에 거주하는 마케터이자 투자자가 유럽의 마트를 관찰한 내용을 담은 《마케터의 여행법》(북스톤), 도시 곳곳에서 창업의 인사이트를 읽어내는 《퇴사준비생의 도쿄》(더퀘스트), 셀프 브랜딩을 위해 관찰 여행을 떠난 내용을 독립출판물로 펴낸 《브랜드 디자이너의 도쿄 쇼핑 리스트》 등은 모두 여행자의 여행 목적이 어떻게 변화할지를 잘 보여준다. '한 달 살기' 열풍 역시 반복되는 삶의 패턴에서 벗어나 새로운 현지 문화 속에서 직접 살아보고 싶다는 니즈가 여행과 결합된 현상이라는 점에서 비슷한 맥락에 있다. 이처럼 여행 소비자들은 빠르게 변화하는 중이다. 이제 여행사와 여행 콘텐츠 생산자는 지금까지와는 다른 새로운 방향에서 여행 소비자에게 어떤 가치를 제공해야 할지 고민해야 한다. 그리고 소비적인 여행에서 벗어나 좀 더 생산적인 여행을 계획하는 여행자라면 여행을 새롭게 해석하는 여행서들로 눈을 돌려보기를 권한다.

여행에서 여가로 이동하는 여행 서비스, 야놀자와 리럭스

>

한국인이 가장 많이 이용하는 온라인 여행사OTA는 어디일까? 모바일 분석 업체 와이즈앱이 만 20세 이상의 소비자 13만 명을 대상으로 2018년의 카드 결제 행태와 승인 실적을 분석한 결과에 따르면, 카드 결제액 1위는 1조 564억 원을 기록한 아고다다. 이어서 호텔스닷컴과 에어비앤비가 각각 2위와 3위를 차지했다. 그 이후 순위에 오른 업체들이 모두 국내 업체들이었다는 점이 인상적인데, 국내 숙박 및 액티비티 서비스인 '야놀자'와 '여기어때'가 나란히 4위와 5위에 올랐다. 더욱 눈길을 끄는 것은 전체 결제액 중 2030세대의 비중이다. 1위와 2위인 아고다와 호텔스닷컴에서는 2030세대가 절반가량(아고다 59%, 호텔스닷컴 53%)을 차지했지만, 야놀자와 여기어때에서는 각각 85%와 70%로 월

등히 많았다.[6] 여러 글로벌 서비스를 제치고 토종 서비스인 야놀자와 여기어때가 5위권 내에 진입한 데에는 2030세대의 막강한 지지가 결정적인 역할을 했음이 드러나는 지점이다. 해외 호텔 예약 시장은 해외 서비스가 선점했으나 국내 숙박과 액티비티 예약에 있어서는 국내 서비스가 여행 소비 트렌드를 잘 반영했다는 뜻으로도 해석할 수 있다.

여행보다 여가 시장을 겨냥하는 야놀자

현재 국내의 호텔 예약 서비스들은 숙박과 여행이라는 비슷한 키워드를 내세워 브랜드 간 차별점이 없고, 결국 가격경쟁이 벌어져 영업력이 막강한 해외 서비스에게 밀려난 측면이 크다. 앞서 언급했듯이 세계 호텔 예약 시장에서 익스피디아(익스피디아, 호텔스닷컴)와 프라이스라인(아고다, 부킹닷컴)이 양강 구도를 이루면서 호텔은 이들 서비스에게 가장 경쟁력 있는 객실가를 제공해야 하는 종속적인 관계가 형성됐다. 때문에 국내 업체가 해외 호텔로부터 좋은 가격의 객실을 확보하기란 쉬운 일이 아니다.

이런 가운데 2007년 문을 연 야놀자는 창업 초기부터 해외 숙박이 아닌 국내 숙박 예약을 주력 서비스로 성장해왔다. 특히, 다른 서비스와 가격경쟁을 해야 하는 호텔 대신 아직 온라인 예약 시스템이 갖춰져 있지 않았던 중소형 숙박 시설(모텔, 펜션 등)에 영업력을 집중하고 그들을 플랫폼으로 끌어들인 것이 야놀자의

출처: 야놀자

> 회사 소개글에서부터 확실하게 드러나는 야놀자의 지향점. 여행보다 여가에 집중한 야놀자의 차별점이 엿보인다.

성공 요인으로 알려져 있다.

하지만 그보다 중요한 야놀자만의 차별점은 여행에 대한 관점이 다른 서비스와 조금 다르다는 데 있다. 여행 업계 전체가 '여행'이라는 행위와 패턴 속에서만 수익 모델을 찾을 때, 야놀자는 더 큰 범위에서 '여가'와 '레저' 시장에 주목했다. 여가 산업의 관점에서 보면 여행은 여가를 구성하는 하나의 요소일 뿐이다. 당연한 이야기지만 노는 것에 대한 수요가 여행에 대한 수요보다 크다. 따라서 여행이라는 키워드에 얽매이지 않는다면 훨씬 넓은 범위의 소비자를 확보할 수 있다. 현재 야놀자 웹사이트의 회사 소개글에 가장 크게 써 있는 슬로건 역시 '누구나 마음 편히 놀 수 있게'다. 회사명(야놀자)과 회사의 지향점(놀 수 있게 돕는 역할)을 일치시킨 셈이다. 놀이를 위한 서비스의 탄생에는 시대의 변화도 영향을 미쳤다. 과거에는 '잘 노는 것'이 일하는 것, 부지런한 것과 대치되는 부정적 의미였다. 하지만 기술이 발전하면서 인간의 여가가 필연적으로 늘어났고, '잘 노는 것'에 대한 인식도 서서히 바뀌고 있다. 창의성을 개발하려면 잘 놀 줄 알아야 한다는 것이다.

2018년 11월 한국관광공사가 주최한 특강에서 김종윤 야놀자 부대표의 이야기를 들으며, 이들이 지향하는 가치를 좀 더 자세히 알 수 있었다. 그중에서도 "야놀자의 존재 이유는 수동적 여가를 능동적 여가로 바꿔주는 것"이라는 부분이 가장 인상적이었다. 수동적 여가가 누워서 TV나 스마트폰을 보며 쉬는 것이라면, 능동적 여가는 약간의 시간과 노력을 더 들여 레저나 여행을 즐기는 행위다. 그런데 레저와 여행은 소비자의 의사 결정 시간에서 차이가 난다. 숙박이 포함되는 여행은 자연스럽게 단가가 올라가고, 마케팅에서 이야기하는 고관여 상품으로 분류된다. 고관여 상품은 단가가 높아서 고객이 상품을 구매할 때 많은 고민을 거치는 상품을 말한다. 해외여행이 바로 대표적인 고관여 상품이다. 반대로 단가가 낮은 레저 상품(테마파크, 스파, 당일치기 투어 등)은 저관여 상품이다. 그래서 상대적으로 짧은 시간 안에 실구매가 이뤄질 확률이 높다. 여행이 아닌 여가 상품을 판매하는 플랫폼은 소비자가 돈과 시간이 없더라도 일상적으로 자주 접속해 '여기 좋은데? 한 번 가볼까?' 정도의 생각을 하게 만들면 절반 이상 성공한 것이나 다름없다. 저관여 상품으로 먼저 플랫폼을 학습한 소비자들이 상품 검색이나 결제 방법에 점점 친숙해지면서 이용 범위를 넓혀가기 때문이다.

이렇게 여행이라는 큰 행위보다 작은 여가 시간을 가치 있게 만드는 데 집중하는 전략을 실행 중인 야놀자는 기존의 여행 업체와는 전혀 다른 길을 가고 있다. 야놀자의 성공은 여행 소비의 변화를 정확히 읽어낸 결과라고 생각한다. 지금의 여행 소비자는 자신을 굳이 여행자로 정의하지 않는다. **앞으로는 여행이라는 행위 자체보다 점점 늘어나는 '남는 시간'을 가치 있게 만들어주는 서비스가 새롭게 부상할 것으로 본다.**

리럭스, 시간에 초점을 맞추다

야놀자처럼 행위보다 시간에 집중한 해외의 숙박 예약 서비스로 리럭스Relux가 있다. 일본의 고급 료칸 예약 플랫폼인 리럭스는 분명 숙박 예약 서비스인데도 숙박 시설이 아닌 '소중한 사람과 보내는 시간'을 핵심 가치로 강조한다. 또한 일본 전역의 숙박 시설을 철저하게 선별하여 '최고의 사치는 안식'이라는 자신들의 가치관에 부합하는 곳들만 입점시킨다. 숙소를 소개할 때도 단순히 부대시설을 나열하는 진부한 방식에서 벗어나 '강물이 흐르는 소리에 귀를 기울이면 치유의 시간이 찾아온다'라든지, '400년 전 마을 사람들이 사용하던 온천을 500m 떨어진 원천에

출처: 리럭스

> 일본의 고급 료칸 전문 예약 플랫폼 리럭스는 숙소 자체를 소개하기보다 그곳에서 어떤 시간을 보낼 수 있는지에 집중하여 설명한다.

서 끌어와 부족함 없이 사용할 수 있다'는 식의 구체적인 스토리를 펼쳐놓는다. 소비자가 실제로 그 호텔에 묵었을 때 어떤 여행을 경험하게 될지 미리 머릿속에 그려볼 수 있도록 한 것이다.

이것만으로는 부족했는지 리럭스는 여행 웹진 《스피라Spi-ra》도 운영 중이다. 이 웹진에서는 숙소를 중심으로 상세한 여행법을 발굴하고 알려주는 데 공을 들인다. 일반적인 OTA가 숙박 시설을 가격대별로 찾아주는 검색엔진 역할에 충실한 것에 비해, 리럭스는 콘텐츠에 더 비중을 두고 투자하는 것이다. 스피라는 언뜻 보면 서비스 홍보 목적으로 만들어졌다는 느낌이 전혀 들지 않을 정도로 전문적인 여행 정보 웹진에 가깝다. 유용한 여행 정보를 먼저 소개하고 해당 지역에서 리럭스가 선별한 숙박 시설을 자연스럽게 끼워넣는다. 사실 이러한 정보 웹진 마케팅은 일본에서 매우 보편화된 것으로, 웹상에 좋은 정보와 링크를 많이 깔아놓아 해당 서비스의 검색 노출 빈도를 높이는 방식이다. 그런데 호텔 예약 서비스 중에는 이런 방식으로 마케팅하는 곳이 별로 없다. 더 많은 객실을 판매해야 더 많은 수수료를 얻을 수 있는 플랫폼이 호텔 소개가 아닌 여행 정보 구축에 힘을 쏟기란 쉽지 않은 일이기 때문이다. 리럭스가 스스로를 단순한 호텔 예약 서비스가 아닌 더 나은 여행을 제공하는 서비스라고 정의했기에 가능한 접근법이다.

미국의 투어리즘 전문 미디어 《스키프트Skift》의 창업자 라파트 알리Rafat Ali는 종종 공개적으로 여행 업계의 폐쇄성을 비판한 바 있다. "여행 업계의 혁신은 주류 업계의 바깥에서 일어나고 있다. 특히 환대 산업 교육계에서는 지금 젊은이들이 필요로 하는 교육을 제공하지 않고, 미래의 젊은이들에게 옛이야기와 같은 교육만 실시한다. (미국의) 강사와 교수진들은 여행 비즈니스의 최신 동향과 나아갈 길에 대해 학생보다도 모른다"고 말이다. 실제로 에어비앤비와 우버의 경우 그 형태는 IT 서비스이지만 전 세계 여행자가 가장 애용하는 여행 서비스 중 하나다. 그들이 처음부터 여행 업계에서 이토록 핵심적인 역할을 할 것이라 생각하고 창업하지는 않았을 것이다. 미래에 탄생할 새로운 여행 서비스들 역시 기존에 여행 업계로 정의된 테두리의 밖에서 탄생할 것이라 전망한다.

여행 경험 플랫폼, 여행업의 미래가 될 수 있을까?

>

타이베이에서 맞이한 이른 아침, 투숙 중인 호텔 앞에 차량 한 대가 나를 기다리고 있었다. 클룩에서 예약해둔 차량으로, 나는 이 차를 타고 차 밭 투어를 갈 예정이었다. 대만의 차 문화를 직접 경험해보기 위해 예약한 이 여행 상품은 타이베이 근교에 있는 유명 차 재배지 핑린坪林을 방문해 약 5시간 동안 차 밭과 차 박물관 등을 둘러보는 코스였다. 차를 타고 1시간 남짓 달리자 건물로 가득했던 차창 밖 풍경이 어느새 푸르른 자연으로 바뀌었다. 대중교통을 타고서는 혼자 와보기 힘들었을 곳을 픽업 차량으로 쉽게 올 수 있으니 참 편리한 일이다. 초록빛 차 밭에서 사진을 찍고, 차 박물관에서 차가 만들어지는 과정도 견학했다. 마지막으로 다관에서 티 마스터가 우려주는 다양한 차들의 맛을 비교해보는 시음 클래스까지 즐겼다. 투어 도중 함께 참가한 독일인 여행자에게 참가 이유를 물었다. 그는 지금 중국에서 일하고 있어 자연스럽게 중국 차 문화에 대한 관심이 생겼는데, 휴가차 방문한 대만에서 이를 체험해보고 싶었다고 답했다. 그에게 차 밭 투어는 정말 딱 맞는 테마 투어였던 것이다. 여러 차례 다녀갔던 타이베이를 재방문한 만큼 새로운 여행 테마가 필요했던 나에게도 무척이나 만족스러운 시간이었다.

여행을 손쉽게 구매할 수 있는 시대

패키지여행에 비해 자유여행을 할 때는 '구매 결정'의 순간이 훨씬 많이 찾아온다. 패키지여행에서는 여행사 웹사이트에 접속해서 단 한 번의 결정만 내리면 끝나지만, 자유여행의 경우에는 항공편이나 숙박 예약부터 현지에서의 일정까지 수많은 가격과 상품 비교를 거쳐야만 한다. 이렇게 자유여행의 준비 과정이 귀찮고 복잡한데도 불구하고 해가 갈수록 자유여행 시장이 커지는 이유는 뭘까? 아무래도 우리가 여행 경험에서 기대하는 바가 달라지거나, 혹은 진화하고 있기 때문일 것이다. 이제 항공과 숙박뿐 아니라 즐길 거리도 내 취향과 필요에 맞춰 구매하는 시대로 접어들고 있다. **정해진 일정표대로 여행하는 것보다 가치 있는 경험을 채워가기를 원하는 여행, 즉 일정표를 사는 시대에서 경험을 사는 시대로 넘어온 것이다.**

여행을 구성하는 여러 요소들 중 '액티비티'를 편리하게 구매하는 플랫폼을 해외에서는 여행 경험 플랫폼Travel Experience Platform이라고 부른다. 미국과 유럽에서 운영 중인 겟유어가이드getyourguide와 트립어드바이저에 인수된 비아터Viator가 대표적인 여행 경험 플랫폼이다. 한국에는 이 분야의 서비스를 국내에서 가장 먼저 시작한 마이리얼트립과 후발 주자인 와그Waug 등이 있다. 내가 직접 경험한 마이리얼트립의 가장 큰 장점은 차별성이다. 마이리얼트립은 메이저 여행사의 패키지 상품에 들어 있는 랜드사(현지 협력 업체) 투어 상품과는 확연히 다른 '전문가의 가이드 투어'를 제공한다. 예를 들어 똑같이 파리 루브르박물관에 가더라도 패키지여행으로 가면 여행 가이드의 인솔하에 작품들을 눈으로 훑기에 급급하지만, 마이리얼트립에서 '미술사 전공자의 루브르 3시간 핵심 가이드'를 예약한다면 전혀 다른 방식으로 심층적인 관람을 할 수 있다. 사실 마이리얼트립의 초기 아이디어는 일반인 가이드와 여행자를 연결해주는 C2C Customer to Customer 모델에 가까웠다. 현지 거주 전문가라면 누구나 가이드로 등록할 수 있고, 여행자는 일반 여행사에서 찾기 어려운 색다른 경험을 살 수 있기 때문이다. 그러나 서비스가 자리 잡으면서 점차 교통 패스나 현지 투어사 제휴 상품의 비중이 높아졌다. 그 결과 서비스 초반에 비해 독창적인 여행 상품이 잘 보이지 않아 안타깝다.

여행 경험 플랫폼이 빠르게 성장하면서 글로벌 업체들이 한국에 진출하기에 이르렀다. 앞서 언급했던 클룩과 케이케이데이KKday가 대표적인데, 각각 홍콩과 대만에서 시작된 스타트업이다. 수천만 달러의 투자를 받으며 한국 시장에 진입한 클룩과 케이케이데이는 해외 서비스의 특성상 한국어로 진행되는 투어 상품이 부족하다. 그래서 영어 가이드가 대부분인 투어 상품보다는 주요 여행지의 투어 상품과 각종 패스를 주력으로 내세웠다. 클룩은 '빅데이터 분석을 통한 편리한 예약 서비스'를 강조하고, 케이케이데이는 '다양한 현지 경험 제공'을 모토로 한다. 두 서비스 모두 글로벌 플랫폼이다 보니 표준화된 패스나 투어 상품이 많고 타 서비스 대비 차별성이 크지 않은 점은 아쉽다. 이렇게 되면 여행자가 플랫폼에 충성하기보다 가격만 보고 옮겨 다닐 가능성이 크다. 즉, 한국 시장에 맞춰 서비스의 현지화를 어떻게 이뤄낼 것인가가 성공의 관건이다.

비슷해져가는 여행 경험, 차별화가 승패를 가른다

'차별화된' 여행 경험 시장에 에어비앤비의 '트립' 서비스가 새로이 진입했다. 2016년 론칭한 트립에서는 관광보다 배움과 경험에 집중하는 투어가 큰 비중을 차지한다. 영어 투어가 대부분이라 한국에서 빠르게 세를 확장하기는 어렵겠지만, 국제적 관점에서 보면 여행자의 변화를 잘 읽어낸 셈이다. '프로방스 남부에서 송로버섯 따기', '뉴욕 할렘가의 뮤직 바 투어' 등 다른 곳에서는 확보하지 못하는 여행 상품을 선별하는 에어비앤비의 시각은 탁월하다. 단, 서비스 초기인 만큼 트립은 타깃이 매우 좁고 어떤 측면에서는 배타적이다. 기존의 관광을 넘어 경험을 지향하는 여행자가 주요 고객이기 때문에 보편적인 여행을 원하는 대다수의 소비자들의 입장에서는 진입 장벽이 다소 높다고 느낄 수 있다는 이야기다. 특히 한국 시장의 경우 숙박 예약에 비해 투어 상품에서 느끼는 외국어에 대한 부담이 크다는 점이 장애물로 작용할 것으로 보인다.

해외시장은 어떨까? **'로컬 경험'과 '질 높은 여행 경험'의 니즈가 폭발적으로 늘면서 2018년 이후 글로벌 여행 업계에서도 투어와 액티비티 예약은 가장 중요한 화두가 됐다.** 비아터를 인수한 트립어드바이저는 기존의 호텔 중심 서비스에서 벗어나 투어 예약 기능을 전면에 내세웠다. 그 결과 현지 투어가 항공편과 호텔에 이은 독립적인 여행 상품으로 빠르게 정착하는 중이다. 이전에는 일일이 발품을 팔아야만 예약할 수 있었던 지역별 로컬 투어도 트립어드바이저나 겟유어가이드를 이용하면 쉽게 비교하고 구매할 수 있다. 나아가 이들은 소비자들의 예약 패턴을 정밀하게 분석하여 고유의 투어 상품을 직접 만들기 시작했다.

2018년, 겟유어가이드의 동남아시아 지역 담당자는 발리 1일 투어를 구매한 소비자 중 대다수가 여성 솔로 여행자라는 흥미

출처: 겟유어가이드

> 겟유어가이드의 발리 인스타그램 투어. 관광보다 인증샷의 효용을 강조한 여행 상품이다.

로운 사실을 발견했다. 또한 대부분의 투어 참여자들이 유명 포토 스팟인 '천국의 문'에서 인스타그램에 올릴 만한 멋진 인증샷을 찍고 싶어 한다는 것도 알게 됐다. 이러한 데이터 분석 결과에 기반해 겟유어가이드는 '발리 인스타그램 투어'라는 자체 상품을 기획했다. 폭포나 정글을 배경으로 아웃도어 액티비티를 즐긴다는 점은 여느 발리 투어와 동일한데, 액티비티 도중에 인스타그램용 사진을 촬영해준다는 점이 이 상품의 결정적인 차별화 포인트다.

여기서 말하는 인스타그램용 사진은 관광객이 흔히 찍는 사진과는 조금 다르다. 최대한 자연스러워 보이면서도 배경보다 인물이 부각되어야 한다. 투어의 가격 또한 정교하게 나누어 와이파이가 제공되는 안락한 차량이나 폴라로이드 사진, 드론 촬영 등을 옵션으로 추가할 수 있도록 유도했다. 이 투어는 2018년 겟유어가이드의 베스트셀링 투어로 꼽혔고, 1,500개가 넘는 사용자 후기가 달렸을 정도로 큰 인기를 끌었다. 이처럼 여행 경험은 점점 더 여행자들의 필수 서비스로 자리 잡을 것이다. 그만큼 이 분야의 서비스 간 경쟁이 치열해질 것은 자명하다. 따라서 차별화된 가치를 갖춘 여행 상품을 선보이는 일이 여행 경험 서비스의 성공을 가르는 중요한 잣대가 될 것으로 보인다.

구글이 제안하는 스마트 여행의 미래

>

매년 10월, 하와이에서는 미국과 세계 관광 산업의 흐름을 짚어 보는 '글로벌 투어리즘 서밋GTS, Global Tourism Summit'이 열린다. 이 행사를 참관하기 위해 지난 2018년 10월 2일 나는 호놀룰루로 향했다. 본격적인 여행 산업 트렌드가 발표되는 2일차 컨퍼런스의 포문을 연 주인공은 구글의 여행 부서 책임자, 수지 보윙클Susie Vowinkel이었다. '기술이 여행을 지원하는 시대Travel in the age of assistance'라는 주제로 키노트(기조연설) 연단에 선 그녀는 경쟁사인 아마존의 스마트 스피커 '알렉사'와 자신의 딸 이름이 같다는 가벼운 농담으로 운을 뗐다. 그녀는 구글이 현재 주력하는 분야는 머신 러닝, 인공지능과 같은 차세대 검색 기술이라고 말했다. 그리고 현대 여행자의 특징을 크게 세 가지로 꼽았다. 호기심이

> 2018년 글로벌 투어리즘 서밋에서 키노트 중인 구글의 여행 부서 책임자, 수지 보윙클.

많으며, 까다롭고, 성급하다는 것이다. 이를 종합해보면 구글이 여행 업계에서 이루고자 하는 목표는 명확하다. 여행자가 구글의 차세대 검색 기술로 '믿을 만한 곳의, 쓸 만한 정보를, 빠르게 찾도록' 돕는 것이다. 지금부터 구글이 어떤 여행의 미래를 그리고 있는지 이야기해보려 한다.

모든 여행자에게 맞춤 정보를 제공하려는 구글의 야심

구글은 여행 분야의 검색을 지속적으로 발전시켜왔다. 특히 여행업을 항공과 호텔, 여행지라는 세 분야로 나누어 각각의 특성에 맞게 검색 기능을 향상시키는 데 힘을 쏟았다. 항공의 경우 구글 플라이트를 통해 가격 및 노선 검색 서비스를 제공해왔는데, 2010년에 항공 요금 검색 시스템인 ITA 소프트웨어를 인수하면서 독자적인 기술을 보유하게 됐다. 호텔은 아예 구글 지도와 결합시켰다. 지도상에서 특정 호텔을 클릭하면 여러 OTA들의 최저가를 확인할 수 있고, 원하는 날짜의 객실가와 투숙 가능 여부도 알려준다. 여기에 '특별 할인deal' 검색 필터를 추가해 특가에 객실을 판매 중인 호텔들만 따로 걸러내도록 했다. 구글이 준비 중인 여러 계획 중에서도 여행자의 방문 목적에 따라 호텔 내 부대시설의 사진을 선별해 보여주겠다는 내용이 매우 놀라웠다. 익스피디아가 호텔 측에서 등록한 사진들을 그대로 게시해두기만 하는 것과 비교하면 혁신적인 시도가 아닐 수 없다. 예를 들어 비즈니스 여행자는 업무에 필요한 비즈니스 센터나 회의실 사진을 먼저 확인하고 싶을 것이고, 레저 여행자는 수영장이나 조식 레스토랑부터 보고 싶어 한다는 것이다. 여행 목적에 따라 차별화된 검색 결과를 제공하겠다는 구글의 계획을 보며 그 기획력과 추진력이 조금 무섭다는 생각마저 들었다.

일반적으로 여행 정보의 핵심은 위치 정보라고 보는데, 구글은 세계에서 가장 강력한 위치 정보 서비스인 구글 지도를 보유하고 있다. 따라서 항공권 가격, 호텔 객실 가격, 대중교통 가격 등의 검색을 지도와 결합시키는 것이 가능하다. 또한 지금까지의 검색이 웹과 모바일 기반이었다면 앞으로는 음성과 이미지 검색의 시대가 열릴 것이다. 구글의 인공지능 기술인 구글 어시스턴트가 탑재된 스마트 스피커로 택시를 호출하면 우버와 리프트 등 여러 택시 서비스의 가격과 대기 시간을 비교해주고, 예상 경로가 표시된 구글 지도를 함께 보여준다. 현재 개발 중이라는 구글 렌즈가 상용화될 경우 검색의 영역과 기능이 더욱 확장될 것으로 예상된다. 레스토랑의 메뉴판을 구글 렌즈로 촬영하면 자동으로 구글 지도에서 해당 레스토랑이 검색되고, 추천 메뉴와 팁 비용, 심지어 더치페이 값까지 계산해준다고 하니 놀라울 따름이다. 구글 번역기의 '이미지 번역' 기능만 사용해봐도 이미지 속에서 글자를 인식해내는 광학 인식 기술OCR, Optical Character Recognition이 상당한 수준에 이르렀음을 확인할 수 있다. 현재 여행 업계의 패러다임을 쥐고 있는 실질적인 주체인 OTA조차도 상대하기 버거운 잠재적 경쟁자가 바로 구글이다.

지난 2016년, 구글이 자체적으로 여행 프로젝트를 진행하기 위해 팀을 꾸렸다는 소식이 흘러나온 지 얼마 지나지 않아 '트립스Trips'라는 여행 검색 애플리케이션이 출시됐다. 이때 전 세계 여행 업계는 '드디어 올 것이 왔다'며 술렁였다. 트립스는 오직 구글만 구현할 수 있는 미래형 여행 플래너이자 로봇 여행 비서와도 같다. 게다가 구글은 이 엄청난 서비스를 무료로 제공했다. 트립스는 여행자에게 어떠한 노력도 요구하지 않으며, 오히려 여행자의 고충을 해결해주는 데 중점을 둔 서비스다. 스마트폰에 트립스를 설치하면 지메일에서 여행 관련 예약 내역을 자동으로 가져와 분석한 다음 언제 어떤 비행기를 타고 어느 호텔에 묵는지를 한눈에 볼 수 있게 정리해준다. 해당 도시에서 가봐야 할 곳, 먹어봐야 할 것 등도 자동으로 검색해 알려준다. 게다가 해당 지역의 구글 지도를 내 스마트폰에 다운로드해놓을 수 있어서 인터넷이 잘 터지지 않는 곳에 가더라도 걱정이 없다. 나아가 트립스는 구글 지도에 축적되어 있는 방대한 '사용자 리뷰' 데이터에 기반해 확률적으로 좀 더 나은 선택을 하도록 도와준다. 이를 보면 '가까운 미래에 여행사가 과연 필요할까?'라는 질문을 던지게 된다. 실제로 구글 트립스를 본 한국의 많은 중소 여행사들이 전문 컨설팅 업체 등을 찾아가 구글이 이런 앱을 만들었는데 여행 산업이 전부 망하는 것은 아닌지 상담을 했다는 이야기가 들려오기도 했다. 그만큼 구글 트립스가 여행 업계에 시사하는 바는 매우 크다.

구글 여행 서비스의 정식 론칭이 가져올 파란

트립스는 여행 예약 데이터를 지메일에서 가져오기 때문에 지메일을 쓰지 않는 사용자에게는 평범한 여행 검색 앱에 불과하다. 직장인을 대상으로 여행 강의를 하면서 나는 직장인들이 주로 사용하는 여행 관련 앱이 무엇인지 꾸준히 관찰했다. 그러다 보니 여행을 자주 다니는 직장인들 중에 트립스를 사용하는 사람들이 생각보다 많다는 것을 알 수 있었다. 한국 스마트폰 시장에는 안드로이드 스마트폰 이용자가 압도적으로 많고, 따라서 스마트폰에 기본 앱으로 탑재되어 있는 지메일을 이용하는 사람들도 많다는 점을 간과해서는 안 된다. 항공 티켓이나 호텔 바우처와 같은 여행 예약 내역이 지메일로 수신되도록 설정해두기만 하면 트립스를 쉽게 이용할 수 있다. 또한 굳이 트립스를 다운로드하지 않아도 자신의 모바일 기기가 구글에 로그인되어 있다면 구글 캘린더와 구글 지도가 지메일과 연동되어 자동으로 모든 여행 일정을 알려준다.

2018년 GTS 키노트에서 수지 보윙클은 '기술은 인간의 경험을 보완하기 위한 것이며, 로봇이나 인공지능의 부상이 인간의 경험과 상호작용을 대체할 수는 없다'고 인정했다. 하지만 구글이 원하든 원하지 않든 여행 업계는 구글의 기술에 매우 의존하고 있고 앞으로 그 의존도는 더욱 커질 것으로 보인다. 2019년 5월 14일, 구글은 구글 지도에서 먼저 선보인 호텔 검색과 구글 플라이트의 항공 검색, 그리고 트립스의 여행 정보 검색을 모두 결합한 여행 서비스 '구글 여행'을 론칭했다. 이로써 모바일과 웹에서 여행의 모든 것을 검색하고 예약과 결제까지 가능한 통합적 서비스가 탄생한 셈이다. 통합 서비스를 론칭함에 따라 트립스 애플리케이션은 2019년 8월부로 서비스를 종료했다. 막대한 검색 광고 비용을 지불하는 OTA와의 이익 충돌을 우려해 정보와 가격의 검색 기능만 제공할 뿐 예약 서비스 시장에는 발을 뻗지 않았던 지금까지의 구글을 생각해보면 꽤 뜻밖의 행보다. 이와 관련해 구글 측은 철저히 사용자의 편의를 위한 선택이라고 설명한다. 그러나 구글 여행이 출현한 이상 기존 OTA와 구글의 경쟁은 기정사실화된 것이나 마찬가지다. 아직 영어로만 서비스되고 있어 한국 도입 여부는 미지수지만, 미국 현지에서는 구글 여행이 주요 OTA 업체들에 큰 위협이 될 것이라는 견해가 많다.

구글의 여행 서비스는 개별 여행자에게 맞춤화된 정보를 제공하기 위해 방대한 양의 빅데이터를 사용한다. 이는 어떠한 경쟁 기업도 극복하기 어려운 크나큰 장벽이다. 익스피디아의 CEO 마크 오커스트롬Mark Okerstrom은 해마다 자체적으로 컨퍼런스를 개최하는데, 2018년에 열린 '익스플로어'18Explore'18'에서 익스피디아의 가장 큰 경쟁자로 구글을 지목했다. 동시에 현재 구글이 하지 못하지만 익스피디아는 할 수 있는 영역을 이 위기의 해결책으로 제시했다. 예를 들면 항공 여행 중 문제가 생겼을 때 항공사와 대신 상담해주거나 충성도 높은 회원의 혜택을 강화하는 것 등이 있다. **하지만 장기적 관점에서 볼 때 엄청난 데이터를 기반으로 제공하는 구글의 맞춤형 여행 정보를 보고 곧장 결제를 시도하는 사용자를 붙잡기란 점점 더 어려운 일이 될 전망이다.** 더욱 아이러니한 것은 이 OTA 업체들이 검색 결과를 선점하기 위해 매년 사용하는 수십억 달러의 광고비 중 대부분은 경쟁자인 구글에 지불된다는 사실이다. 여행 시장 진출과 동시에 익스피디아의 경쟁자가 된 구글은 IT 기반의 산업으로 변화하고 있는 여행업의 현실을 상징적으로 보여준다.

CHAPTER 2

호텔과 항공 업계에 불어닥친 변화의 바람

필요에서 경험으로

- 호텔과 항공의 달라진 역할

〉

"고층 빌딩, 고층 아파트. 여기도 저기도 비슷한 역 앞의 풍경.
나는 이런 도쿄의 경치가 싫다."

2019년 1월에 방영을 시작한 일본의 TV 드라마 〈일본 낡은 숙소 기행日本ボロ宿紀行〉의 오프닝 내레이션이다. 이 드라마는 갑작스럽게 세상을 떠난 아버지가 생전에 운영했던 연예기획사를 물려받은 딸이 한물간 소속 가수를 홍보하기 위해 일본 전역의 낡은 숙소에 묵는다는 내용을 중심으로 전개된다. 드라마 속 이야기는 허구이지만, 드라마에 등장하는 숙소들은 일본에 실제로 존재하는 곳들이고 그중 몇 곳은 지금까지도 운영되고 있다. 낡은 숙소들만 전문적으로 다루는 블로거의 책을 원작으로 했기 때문이다.

실제 숙소를 드라마에서 소개하는 방식이 우리에게는 다소 낯설게 느껴질지도 모른다. 하지만 일본은 드라마에서 자국의 이익이나 특정한 의도에 부합하는 소재를 적극적으로 다룬다. 음식이나 숙소, 온천 등을 소재로 관광 측면에서 일본을 매력적으로 담아내는 콘텐츠들이 대표적이다. 이 드라마에도 일본 각지에 있는 오래된 숙소가 매회 등장하고, 20대 여성인 주인공이 '나이에 걸맞지 않게' 낡은 숙소에 열광하며 스마트폰으로 사진을 찍는 장면이 반복적으로 나온다.

호텔은 더 이상 잠만 자는 곳이 아니다

첨단 기술과 디자인으로 무장한 호텔들이 각축전을 벌이는 이 시점에 지어진 지 수십 년이나 된 낡은 숙소만 찾아다니는 여행이 책과 TV 드라마로 만들어진 이유는 무엇일까? 물론 밀레니얼 세대가 이끄는 최근 트렌드인 '뉴트로' 현상, 즉 경험해보지 못한 옛 시대를 현대적으로 재해석하여 즐기려는 현상으로 해석할 수도 있다. 하지만 여행 소비의 측면에서 보자면 여행에서 숙소가 갖는 의미와 역할이 좀 더 다양해진 것으로 볼 수 있다.

'잠만 자는 곳'이었던 숙소는 이제 여행의 목적이자 도시의 역사를 간접 체험하는 공간으로 거듭나기 시작했다. 급격한 도시 개발로 인해 오래된 건축물이 사라져버린 대도시들이 최근 '도시 재생'이라는 키워드에 주목하면서 도시의 역사성을 관광 콘텐츠화하기 위해 노력 중이다. **그 과정에서 자연스럽게 오래된 도시 건축물의 문화적 가치가 새롭게 떠올랐고, 각국의 역사적 상징성을 지닌 호텔들이 그 자체로서 의미 있는 문화유산이자 흥미로운 관광 코스로 재조명되고 있다.** 오래된 숙소가 과거의 생활상이나 시대상을 체험하는 공간이 되어주기 때문이다.

이러한 변화를 보여주는 좋은 예로 대만의 더 그랜드 호텔 타이베이가 있다. 1952년에 대만의 총통 장제스가 외국인 손님을 접객하기 위해 지었던 중국풍의 웅장한 호텔이다. 2019년 5월에 직접 방문해보니 쟁쟁한 5성급 호텔과 견주어도 뒤지지 않을 만큼 많은 관광객들로 가득했다. 교통이 불편한 곳에 위치한 수십 년 된 호텔에 이렇게 많은 사람들이 일부러 방문하는 이유는 무엇일까? 기능적인 면에서 더 깨끗하고 편리한 신축 호텔들이 주변에 즐비한데 말이다. 바로 이 호텔의 '스토리'를 소비하기 위해서다. 더 그랜드 호텔 타이베이의 로비는 하루 종일 발 디딜 틈 없이 엄청난 인파로 붐빈다. 사람들은 유명 인사가 찍힌 옛 흑백사진의 배경이 된 실제 공간에서 기념사진을 찍으며 과거로의 시간 여행을 떠나고는 한다. 호텔 내에 박물관과 사진 전시관이 마련되어 있어 이곳에 머물렀던 수많은 유명 인사들의 발자취를 따라가볼 수도 있다. 숙소로서는 좀 낡고 오래됐을지 몰라도 관광 명소이자 체험 공간으로서는 더없이 차별화된 경쟁력을 갖춘 셈이다.

> 대만의 더 그랜드 호텔 타이베이. 로비 곳곳에 호텔의 역사가 전시되어 있다.

경험에 집중하기 시작한 호텔과 항공사

건축물의 역사성이나 스토리를 강조한 '문화유산형' 숙소에 이어 처음부터 특정 테마나 경험을 우선순위에 두고 기획된 콘셉트형 호텔도 속속 등장하고 있다. 2019년 4월 도쿄 신바시しんばし에 문을 연 호텔 1899 도쿄는 전통차를 테마로 한 곳이다. 자그마치 100년의 역사를 가진 온천 여관 '류메이칸龍名館'이 새로운 시대의 여행자를 겨냥하여 직접 오픈한 호텔로, 류메이칸의 전통적 가치를 현대의 관점에서 매력적으로 재해석했다. 호텔 1899 도쿄의 프런트에서는 웰컴 드링크 대신 일본의 전통차를 내놓는다. 객실에는 호텔 자체 브랜드의 차가 준비되어 있고, 호텔 레스토랑에서도 차를 이용한 요리를 선보인다. 그런가 하면 대만 최고의 고산차(우롱차의 일종) 산지로 알려진 아리산에는 세계 최초로 차를 테마로 삼은 호텔인 티스케이프 자이가 있다. 이 호텔은 '차에 대한 44가지 경험'을 메인 테마로 하여 차에 담겨 있는 철학을 여행 경험과 연관 지었다. 차를 마시기만 하는 게 아니라 찻잎 염색 프로그램, 차 여행 프로그램 등 '체험 투어'로까지 확장해 운영하는 점이 눈여겨볼 만하다. **이제 숙소는 참신한 여행의 방법을 제시하고, 나아가 일상의 라이프스타일을 풍요롭게 해주는 역할까지 수행하고 있다.**

호텔뿐 아니라 항공 역시 교통 서비스로서의 이미지에서 벗어나 여행 경험에 초점을 맞춰 브랜드를 차별화하는 방향으로 변화하는 중이다. 2017년 12월, 영국항공은 비즈니스 클래스인 클럽 월드Club World에 사용하는 침구로 침구 전문 업체인 더화이트 컴퍼니의 제품을 선정했다. 여기서 흥미로운 지점은 거의 모든 항공사들이 180도로 펼쳐지는 좌석의 기능에 집중해 비즈니스 클래스를 홍보할 때 영국항공은 '수면'이라는 경험 키워드를 내세웠다는 것이다. 선정한 침구 업체를 '수면 전문가sleep expert'라고 칭한 점과 이 서비스를 '슬리퍼sleeper 서비스'라고 명명한 점에서 이를 짐작할 수 있다. 기내에서 제공되는 어메니티amenity도 남다르다. 고급 면으로 만든 베개, 수면에 도움을 주는 스파 에센셜 오일 등 잠과 관련된 상품들만 선별했다. 타사의 비즈니스 클래스에서는 좀처럼 보기 어려운 구성이다. 전 세계 항공사의 비즈니스 서비스가 더욱 비슷해지고 있는 상황에서 여행자의 눈을 돌리려면 조금 다른 관점으로 서비스를 해석하고 알려야 한다는 것을 보여주는 사례다.

이와 같은 변화는 항공사의 마케팅 슬로건에도 조금씩 영향을 미치고 있다. 독일의 항공사 루프트한자항공의 2019년 캠페인 슬로건은 '인생을 바꾸는 장소'다. 언뜻 뻔한 이야기처럼 들리지만 기존의 항공사 슬로건과는 소비자에게 다가가는 방식이 완전히 다르다. 지금까지 항공사의 슬로건이나 캠페인은 취항지를 관광지 관점에서 바라보고 기계적으로 나열하는 방식이 일반적이었다. 루프트한자항공은 이 캠페인을 통해 사람들이 '여행을 떠

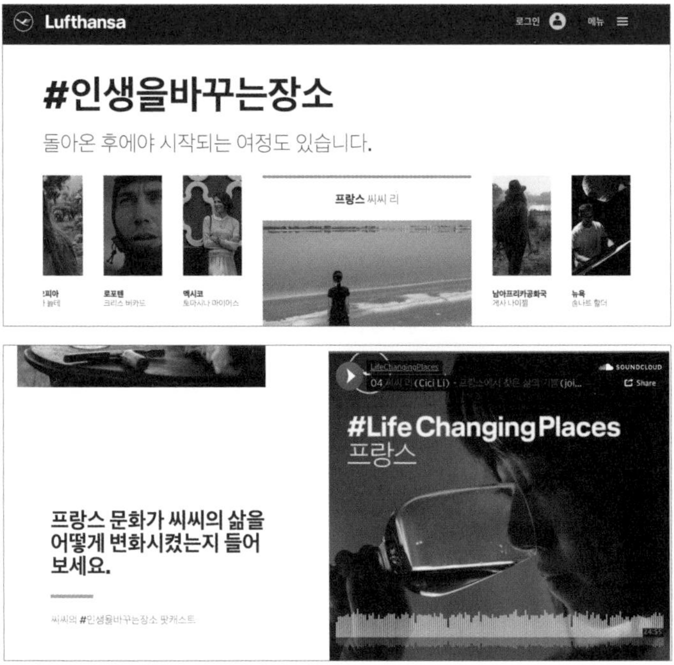

출처: lifechangingplaces.com

> 루프트한자항공의 '인생을 바꾸는 장소' 웹사이트. 다양한 여행자들의 이야기를 보여주고, 실제 여행자의 목소리를 담은 팟캐스트도 운영한다.

나는 이유'를 조명하고, 여행지가 아닌 여행 그 자체로 인해 삶이 바뀐 사람들을 소개한다. 예를 들면 중국의 한 여행자가 프랑스에 갔다가 와인에 빠져서 와인 공부를 하게 된 스토리를 전하며 '중국과 프랑스의 차이는 삶을 대하는 태도'라는 여행자의 말을 인용하는 식이다. 그동안 사람들이 주로 휴양 또는 스트레스 해소를 위해 여행을 떠났다면 밀레니얼 세대는 여행으로 삶에 변화를 주고 새로운 가능성을 탐색하고자 한다는 점에 주목한 것이다. 이렇게 변해가는 여행자에게 항공사가 자사의 철학과 관점을 어필할 수 있을 때 장기적으로 충성도 높은 고객을 확보할 수 있을 것이라고 본다. 그렇다면 보수적인 항공 업계가 최근 어떻게 변화하고 있는지 좀 더 자세히 들여다보자.

왜 캐세이퍼시픽항공은 공항 라운지에 '누들 바'를 차렸을까?

>

세계 여러 도시의 공항을 전전해야 하는 직업을 가진 덕분에 내가 자주 찾게 되는 곳이 있다. 바로 공항의 라운지다. 공항 라운지에는 샤워실과 휴게 공간이 마련되어 있어서 긴 비행의 피로를 풀 수 있고, 음식과 음료도 준비되어 있어 식사까지 한 번에 해결할 수 있다. 공항 내에서 여행자가 출입할 수 있는 라운지는 크게 두 종류로 구분된다. '플라자 프리미엄 라운지'와 같이 공항 서비스 전문 회사가 위탁 운영하는 라운지와 항공사가 비즈니스 클래스와 퍼스트 클래스 승객을 위해 운영하는 항공사 전용 라운지다. 예전에는 이 두 라운지의 시설과 서비스가 크게 차이 나지 않았다. 그런데 최근 항공사들이 자사의 브랜드 정체성을 알리는 마케팅 수단으로 라운지를 활용하면서 다양한 차별화 전략을 선보이기 시작했다.

항공사 라운지, 브랜드를 경험하는 공간으로 변신하다

항공사 라운지가 차별화를 꾀한 대표적 사례는 캐세이퍼시픽항공이 2018년 3월에 홍콩 첵랍콕 국제공항에 선보인 비즈니스 전용 라운지 '더 데크The Deck'다. 이 라운지의 특징은 다른 공항 라운지에서는 보기 힘든 규모의 누들 바가 있다는 것이다. 이 누들 바에는 전문 요리사가 상주하며 홍콩의 대표 로컬 음식인 완탕 누들과 피쉬볼 누들, 딤섬 등을 즉석에서 조리해준다. 더 데크가 홍콩의 맛, 즉 미식을 테마로 한 라운지라면 웰니스 테마의 라운지도 있다. 역시 첵랍콕 국제공항에 있는 비즈니스 라운지인 '더 피어The Pier'로, 요가와 명상 전용 공간이 있다는 것이 이색적이다. 캐세이퍼시픽항공은 홍콩의 요가 프랜차이즈 업체인 퓨어 그룹과 손잡고 이곳에서 전문 요가 수업도 진행한다.

항공사가 라운지 서비스에 이토록 신경 쓰는 것은 항공 여행자의 소비 변화를 읽은 전략이라고 볼 수 있다. 원래 공항 내 라운지의 모든 시설과 서비스는 주요 이용 고객인 출장 여행객에게 최적화되어 있었다. 하지만 해외여행의 대중화와 항공 비용의 하락으로 인해 항공사를 자주 이용하는 상용 여행자frequent traveler가 더 이상 출장 여행자에게 국한되지 않고 확장되는 추세다. 지난 2016년 항공 라운지 멤버십 서비스인 프라이어리티패스가 공항 경험과 관련해 7개국의 회원 3,000여 명을 대상으로 조사한 결과, 59%의 상용 여행자가 '라운지의 출입 권한 여부는 중요하다'고 답했으며, 40%는 '라운지로 곧장 가기 위해 면세점에 들르지 않는다'고 답했다. 면세점에서 쇼핑을 즐기는 것보다 라운지에 머무르는 것이 더 중요하다는 이야기다. 나도 신용카드 혜택과 연계된 프라이어리티패스와 다이너스클럽을 사용하고 있는데, 라운지 멤버십의 회원이 된 후로 공항에서 보내는 시간의 대부분을 라운지에서 보낸다.

앞서 온라인 여행 서비스의 발달과 최저가를 검색해주는 메타서치의 출현으로 여행자는 항공사 이름보다는 가격과 경유 여부, 탑승 시간 등을 기준으로 자신에게 맞는 항공 일정을 선택한다고 설명한 바 있다. 이전에는 대한항공이 소속된 스카이팀, 아시아나가 소속된 스타얼라이언스와 같은 국제 항공 동맹체가 항공사 선택에 결정적인 역할을 했다. 예를 들어 가격, 일정 등 조건이 비슷한 항공사들 중에 하나를 골라야 한다면 자신이 가입된 마일리지 프로그램을 운영하는 항공 동맹체에 소속된 곳을 선택하는 것이다. 항공 동맹체끼리는 운항 루트와 마일리지를 공유하기 때문이다. 그러나 항공 시장의 경쟁이 치열해지면서 항공사들은 비용 감축이 절실해졌다. 그래서 마일리지 전용 좌석의 수를 줄이고 마일리지의 혜택과 활용 범위도 점진적으로 축소해나가고 있다. 소비자 입장에서는 항공사 또는 항공 동맹체를 향한 브랜드 충성도를 가지기가 점점 어려워지는 상황인 것이다. **특정 항공사에 충성하지 않는 여행자는 '가격'에 가장 민감하게 반응할 수밖에 없으며, 결국 시간이 흐를수록 특정 항공사에 충성하는 상용 여행자가 줄어들게 된다.** 다행히 항공 업계도 이러한 문제를 알아채고 위기의식을 느끼기 시작했다. 그래서 보수적인 업계임에도 불구하고 새로운 브랜드 정체성과 차별화된 서비스를 적극적으로 모색하고 있다. 그 변화는 항공사가 운영하는 라운지뿐 아니라 항공사의 기내 서비스에서도 발견된다.

기내 안전 안내 영상까지 달라지고 있다

최근 탑승했던 여러 항공사 중에서 브랜드 정체성이 인상적이었던 항공사를 꼽자면 핀란드의 국영 항공사 핀에어가 있다. 항공사들은 비즈니스 및 퍼스트 클래스 승객에게 제공하는 기내 어메니티를 중요한 마케팅 수단으로 여긴다. 그래서 많은 항공사들이 세계적으로 유명한 브랜드와 계약을 맺고 기내 어메니티 키트를 제작한다. 그런데 핀에어는 자국을 대표하는 패브릭 브랜드 마리메꼬Marimekko와 손잡고, 기내 디자인에 핀란드의 정체성을 담았다. 핀에어의 항공기에 탑승하는 순간 핀란드의 디자인을 경험하게 되는 셈이다. 이러한 전략은 하와이안항공의 비즈니스 클래스에서도 만날 수 있었다. 하와이의 로컬 디자인 업체가 디자인한 승무원 유니폼과 어메니티 파우치, 호놀룰루에서 유명 맛집을 운영하는 셰프가 개발한 기내식 등을 도입해 기내 경험이 하와이 여행의 일부가 되도록 기획했다. 이러한 '데스티네이션 마케팅' 전략은 그저 경유를 위해 해당 국가로 향하는 승객에게도 그 나라의 매력을 각인시켜 재방문을 유도하기도 한다.

여러 기내 서비스 가운데 항공사의 차별화 전략이 두드러지게 나타나는 것은 기내 안전 안내 영상이다. 내가 처음으로 기내 안전 안내 영상의 변화를 목격한 것은 2015년 미국 유나이티드항공의 비행기에서였다. 별생각 없이 보게 된 유나이티드항공의 기내 안전 안내 영상은 그동안 봐왔던 것들과는 확실히 달랐다. '세계 일주'를 테마로 만든 유려한 영상이 마치 여행지 광고를 보는 듯했다. 사실 이러한 변화는 2013년 버진아메리카항공이 팝 뮤지컬 형식으로 제작한 기내 안전 안내 영상이 큰 주목을 받았을 때 예견된 것이었다. 2014년에 영화 〈반지의 제왕〉을 패러디해 만든 에어뉴질랜드의 기내 안전 안내 영상은 특히 신선했다. 대자연을 배경으로 스토리텔링을 펼치면서 코믹 요소까지 가미한 이 영상은 유튜브 누적 조회 수 2,109만 회(2020년 1월 기준)라는 경이로운 홍보 효과를 창출하며 항공사 마케팅의 엄청난 전환점이 됐다.

이후 항공사들은 기내 안전 안내 영상을 유튜브 바이럴 콘텐츠로 활용하기에 이르렀고, 지속적으로 참신한 콘텐츠를 제작하고 있다. 2018년 터키항공이 내놓은 기내 안전 안내 영상에는 사람 대신 레고 캐릭터가 출연한다. 애니메이션 영화 〈레고 무비〉의 캐릭터들이 기내 안전 수칙을 알려주는 내용인데, 이 영상은 공개 한 달만에 유튜브에서 조회 수 2,000만 회를 돌파했고 세계 3대 광고제 중 하나인 클리오 엔터테인먼트 어워즈Clio Entertainment Awards에서 금상을 수상하기도 했다. 국내 항공사 중에서는 2019년 11월 대한항공이 SM엔터테인먼트와 협업하여 유명 케이팝 아티스트가 등장하는 새로운 기내 안전 안내 영상을 선보여 화제에 오른 적이 있다.

이러한 항공사의 변화는 '정보의 평준화'와도 연관이 깊다. 호텔의 경우 OTA에 투숙 후기들이 오랜 시간에 걸쳐 축적되어 있어 소비자들이 생생한 정보를 쉽게 얻을 수 있다. 하지만 항공사

출처: 대한항공 유튜브

> 2019년 11월 대한항공이 새롭게 선보인 케이팝 테마의 기내 안전 안내 영상.

의 이용 후기는 일일이 검색해보지 않는 이상 접하기 어려웠다. 항공권 가격을 비교해주는 서비스는 많아도 항공사를 평가하고 리뷰하는 서비스는 없었기 때문이다. 그동안 대부분의 항공사는 고객의 컴플레인을 비공개로 처리해왔다. 그렇다 보니 어느 항공사는 얼마짜리 상품권을 줬다더라, 어느 항공사는 마일리지로 보상해줬다더라 하는 식으로 같은 피해를 입었더라도 대응이 천차만별이었다. 당연히 이에 대한 소비자의 불만이 적지 않았다. 그러던 2017년 7월, 세계에서 가장 영향력 있는 여행 커뮤니티인 트립어드바이저에 항공사 리뷰 기능이 추가되면서 항공 업계는 전환점을 맞이하게 됐다. 트립어드바이저에서는 좌석 공간, 좌석의 편안함, 기내 엔터테인먼트, 고객 서비스, 가격 대비 만족도 등 총 8개 항목에 대해 5점 만점을 기준으로 점수를 매길 수 있고, 여기에 상세 후기까지 별도로 남길 수 있다. 이 기능이 도입됐을 당시에는 15개 항공사에 대한 후기만 쓸 수 있었지만 불과 2년 사이에 그 대상이 급속도로 확장되어 현재는 무려 611개 항공사에 대한 후기가 매일같이 쌓이는 중이다(2019년 6월 기준).

양질의 항공사 후기를 공개적으로 얻을 수 있게 된 지금, 항공사 간의 경쟁은 과거와는 다른 양상으로 심화될 것으로 예상된다. 소비자의 컴플레인에 일방적으로 대처하던 과거의 방식으로는 소비자의 충성도를 이끌어낼 수 없다. 새로운 여행의 흐름에 적응하고자 하는 항공사라면, 브랜드 경험에 대한 만족도까지 철저하게 관리해야 하는 시대로 접어들었음을 기억해야 할 것이다. 더불어 소비자들도 항공권을 구매할 때 항공사별 후기를 살펴본 다음 선택한다면 보다 쾌적하게 여행할 수 있을 것이라 본다.

굳이 더 불편한 숙소를 찾아가는 이유는?

- 에어비앤비의 현재와 미래

>

2019년 1월, 하노이 출장을 준비하면서 나는 전체 일정 중 2박은 호텔이 아닌 하노이의 히엔 민 티 하우스Hien Minh Tea House에 묵기로 했다. 사실 호텔 숙박 비용이 저렴한 베트남에서 굳이 호텔이 아닌 숙소를 선택할 이유는 없었다. 그럼에도 이곳을 고른 이유는 호텔에서는 느낄 수 없는 여행의 가치를 지닌 곳이라고 판단했기 때문이다. 히엔 민 티 하우스는 하노이의 전통차 전문가가 베트남의 차 문화를 알리기 위해 운영하는 공간으로, 다도 체험과 홈스테이를 경험할 수 있는 곳이다. 객실은 딱 하나뿐이고 오직 에어비앤비를 통해서만 예약이 가능하다. 한국어로 된 후기가 거의 없어 조금 망설였지만 나는 그곳에서 다도와 숙박을 모두 체험해보기로 마음먹었다. 에어비앤비를 이용해 예약 문의를 하고 1시간쯤 지났을까? 티 하우스의 호스트로부터 예약 확정 안내와 함께 '혹시 공항 픽업 서비스가 필요하면 알려주세요'라는 메시지가 왔다. 예약 문의를 하며 하노이에 처음 방문하는 것이라고 덧붙였는데 호스트가 이를 놓치지 않고 먼저 물어봐준 것이다. 이런 서비스가 가능하냐고 묻기도 전에 여행자의 초행길을 배려해주는 숙소라면 안심하고 머무를 수 있겠다는 생각이 들었다.

숙박비는 호텔의 10분의 1, 만족도도 그럴까?

히엔 민 티 하우스로 가기 전날, 나는 호스트에게 나의 도착 시간을 알렸다. 그러자 호스트는 '내일 다도 체험 일정이 잡혔어요. 2시간짜리 프로그램이고 참가비는 15달러예요. 참여하고 싶다면 알려주세요'라며 새로운 제안을 했다. 내가 다도 체험 프로그램에도 관심이 있다고 말했던 것을 호스트가 기억하고 있었던 것이다. 다음 날 티 하우스에 도착한 나는 캐나다에서 온 커플 한 쌍과 함께 다도 체험을 즐길 수 있었다. 차와 커피를 워낙 좋아하는 지라 고유한 차 문화를 보유한 나라의 현지 전문가에게 직접 다도를 배우고 경험하는 일은 굉장히 뜻깊었다. 덕분에 하노이라는 도시를 미식과 문화의 맥락에서 새롭게 바라보게 됐다. 다도 체험을 무척 즐거워하는 나를 본 호스트 부부는 그들이 하노이 외곽의 차 농장에서 소수민족과 힘을 합쳐 직접 차를 재배하고 있고, 여름에는 그 농장을 체험하는 투어 프로그램도 운영할 예정이라고 알려주었다.

티 하우스는 3층으로 이뤄져 있었다. 1층은 차 관련 제품을 판매하는 매장이고 2층은 다도 체험을 위한 공간, 3층은 홈스테이를 위한 객실이다. 나는 이 3층 객실에서 이틀을 묵었는데, 처음에는 영 불편했다. 해가 잘 들지 않아 어두웠고 침구의 질도 좋지 않았다. 조식 서비스도 없어 밖에서 사 먹어야 했다. 이처럼 하드웨어만 보면 이 숙소는 호텔에 비해 모든 면에서 열등하다. **하지만 시간이 지나면서 나는 숙소의 만족도가 시설의 품질과 비례하지는 않는다는 사실을 깨달았다.** 이른 아침, 환한 햇살로 가득한 1층 매장에 내려가니 부지런히 차 상자를 정리하던 직원 후에가 아침 식사를 먹을 만한 곳을 일러주었다. 현지식 아침 식사를 파는 가게는 좁은 골목길에 위치해 있어서 주변 골목을 산책하며 둘러볼 수 있었다. 식사를 마치고 돌아온 내게 후에는 같이 차를 마시자며 다구와 끓인 물을 가져왔다. 곧 근처에 사는 주민들이 하나둘 찾아오더니 나를 둘러싸고 수다를 떨기 시작했다. 정말이지 따뜻하고 편안한 시간이었다. 앞서 하노이의 5성급 호텔 대여섯 곳에 다녀왔는데 정작 여행의 소중한 추억은 허름한 티 하우스에서 얻게 됐으니 기분이 이상했다. 그 당시 나는 다음 숙소로 하노이 최고의 문화유산 호텔인 소피텔 레전드 메트로폴 하노이를 예약해둔 상황이었다. 에어비앤비에서 예약한 티 하우스의 1박 숙박비가 23달러, 소피텔 레저드 메트로폴 하노이의 1박 숙박비는

230달러. 무려 10배나 차이가 난다. 하지만 티 하우스 다음에 방문한 호텔에서 얻을 수 있었던 것은 예상 가능했던 쾌적함과 안락함 정도였을 뿐, 그 밖에 특별한 무언가는 없었다. 숙소의 단가가 무조건 여행의 질을 결정하는 것이 아님을 티 하우스와 고급 호텔의 비교 체험을 통해 느낄 수 있었다. 이는 에어비앤비가 호텔과 명확하게 차별화되는 지점이기도 했다.

에어비앤비의 진짜 경쟁력은 가격이 아닌 콘텐츠다

2008년 창업한 에어비앤비는 지난 10여 년 동안 호텔 업계를 위협하는 숙박 플랫폼으로 급성장해왔다. 그러나 현지인의 집에 머물며 여행할 수 있다는 초기 콘셉트로는 여행자에게 균일하고 높은 만족도를 제공하기 어려웠다. 에어비앤비에 등록된 전 세계의 숙소는 700만 개가 넘는다. 이 모든 숙소의 퀄리티와 안전을 에어비앤비가 직접 관리할 수는 없는 노릇이다. 결국 에어비앤비 숙소에서 일어난 각종 사건과 사고들이 연일 보도되기에 이르렀다. 그런 가운데 에어비앤비는 숙소의 품질을 관리해 호텔 업계와 맞붙기보다는 '여행 경험의 확장'이라는 새로운 길을 택했다. 2016년 11월, 현지 체험 프로그램 예약 서비스 '트립'을 오픈한 것이다. 내가 묵었던 하노이의 티 하우스는 에어비앤비가 향후 지향하는 여행 경험의 좋은 사례다. 하노이의 많은 호텔들이 체험 프로그램을 운영하지만 전통차 전문가가 직접 지도하는 다도 체험을 찾기란 쉽지 않다. 그런 프로그램이 있다 해도 진짜 티 하우스가 아닌 호텔 레스토랑에서 진행될 테니 그 분위기나 정서가 같을 리 없다. 단지 저렴한 가격이 아닌 호텔에서 얻기 어려운 차별화된 콘텐츠가 에어비앤비의 진정한 경쟁력이 된 것이다.

에어비앤비 트립을 둘러보면 하노이의 티 하우스처럼 숙소와 체험을 동시에 제공하는 호스트의 상품이 종종 보인다. 예를 들어 전문 셰프가 운영하는 숙소에 머무르며 특별한 아침 식사

출처: 에어비앤비

> 에어비앤비의 현지 체험 예약 서비스, 트립. 지역과 호스트에 따라 다채로운 프로그램을 체험할 수 있고 웹사이트와 애플리케이션을 통해 이를 적극적으로 소개한다.

를 맛보거나 쿠킹 클래스에 참여하는 식이다. 이처럼 완전히 다른 분야라고 여겨졌던 숙소 경험과 여행 경험이 서서히 통합되고 있다. **앞으로의 여행자들에게는 숙소가 호텔인지 아닌지, 비싼지 저렴한지는 크게 중요하지 않다. 그들은 더 매력적인 경험과 원활한 소통을 제공하는 숙소로 향할 것이다.** 다시 말해 새로운 여행자의 눈높이에 맞는 '콘텐츠'를 지닌 숙소가 선택될 확률이 높아진다.

하노이의 인테리어 잡화 브랜드인 드리머는 달랏과 호이안에 자사 제품으로 꾸민 숙소를 운영 중이다. 일본 도야마에 있는 숙소 하우스홀드에서는 아침이 되면 주인장 부부와 투숙객이 함께 장을 보고 지역 식재료를 이용해 음식을 만들어 먹는다. 최근 들어 호텔 업계에서도 이와 유사한 변화의 조짐이 보이고 있다. 메리어트 인터내셔널이 인수한 독립호텔 연합 디자인호텔스는 호텔 오너가 제공하는 독특한 서비스 '오리지널 익스피리언스'를 별도의 콘텐츠로 소개한다. 대체나 복제가 어려운 고유의 전문 경험이 결합된 숙소는 시설이나 가격만으로 평가받지 않는다. 동시에 호스트가 가진 전문성에 따라 그 숙소에서 제공하는 여행에 매우 큰 차이가 생길 것이다.

밀레니얼 세대는 거주자와의 만남을 이루어주는 공간 플랫폼으로서의 숙소, 여행지를 현지인의 시선으로 참신하게 해석한 숙소를 원한다. 이러한 숙소를 만들려면 특정 분야의 전문성과 차별화된 콘텐츠뿐 아니라 온라인 커뮤니케이션에 대한 상당한 이

해도가 필요하다. 과거 호텔 업계에서 필수였던 '호스피탈리티 hospitality(환대)'와는 다른, 새로운 역량이 요구된다는 뜻이다. 따라서 호텔 업계가 새로운 콘텐츠를 기획하고 소비자의 여행을 적극적으로 리드하는 역할에 유독 서툰 것은 어쩌면 당연한 결과다. 현재 호텔들이 제공하는 경험은 그 호텔의 정체성을 충분히 담고 있는가? 호텔이 운영하는 웹사이트와 소셜미디어만 봐도 각 호텔이 가진 콘텐츠와 이를 전달하는 방식이 객실만큼이나 표준화되어 있고 일방적이며, 업계 전반이 그 방식을 따라 획일화되어 있음을 알 수 있다. 물론 이것은 차별화된 콘텐츠의 부재 이전에 각 호텔들의 브랜드 정체성이 그다지 명확하지 않다는 것에서 촉발된 문제인지도 모른다. 게다가 과거의 여행 콘텐츠와 지금의 여행 콘텐츠는 확연히 다르다. 먼저 숙소의 차별화된 정체성을 세운 다음, 그 브랜드 이미지를 바탕으로 여행(지역) 콘텐츠를 재구성하고 선별해야 여행자에게 유의미한 경험을 안겨줄 수 있다. 같은 콘텐츠라도 포장과 전달 방법이 달라졌으니 호텔 컨시어지가 일방적으로 제공하던 기존의 관광 콘텐츠에는 한계가 따를 수밖에 없다. 그렇다면 이러한 한계를 극복한 호텔은 없을까?

여행을 리드하는 호텔, 호시노 리조트

>

"여기에서 신발을 벗으시면, 저희가 보관해드리겠습니다."

도쿄의 금융 지구인 긴자 한복판에서 신발을 벗고 다다미가 깔린 엘리베이터를 타게 될 줄은 상상도 하지 못했다. 이곳은 2016년 7월에 문을 연 도심 속 료칸 호텔, 호시노야 도쿄다. 일본 각지에 지점을 둔 호시노 리조트가 운영하는 이 호텔은 겉으로 보기에는 섬세한 구조물로 둘러싸인 서구적 디자인의 고층 빌딩이지만 호텔 내부로 들어서면 현대적 감각으로 재현된 에도시대풍의 인테리어가 펼쳐지는 이색적인 공간이다. 안으로 들어서자마자 '타워형 일본 료칸'이라는 부제가 딱 들어맞는 호텔이라는 생각이 들었다. 접객을 돕는 직원들은 모두 독특한 모양의 회색 유니폼을 입고 있었는데, 일본의 전통 차림새를 조금 더 간편하게 디자인한 것 같았다. 로비를 비롯한 모든 공간에 다다미가 깔려 있어 입구에서 신발을 벗은 후에는 양말을 신은 채로만 이용해야 한다. 체크인을 하기도 전에 전통 료칸의 경험이 시작되는 것이다. 비슷한 문화권인 우리에게는 맨발로 다니는 게 어려운 일이 아니지만 서양인 여행자에게는 굉장히 생소하게 느껴질 것이다.

일본만의 문화 콘텐츠를 기반으로 설계된 숙박 경험

로비를 지나 체크인을 위해 도착한 공간은 '오차노마 라운지'로, 호시노야 도쿄의 각 층마다 있는 공용 라운지다. 최근 '공용 공간'의 열풍으로 수많은 호텔들이 앞다투어 라운지를 만들고는 있지만 이처럼 모든 층에 라운지를 만들어 관리하는 호텔은 아주 드물다. 이 공간은 '일본적인 휴식'을 모토로 하여 투숙객에게 새로운 공간적 경험을 제공하는 장소다. 호시노야 도쿄에서는 오차노마 라운지를 '객실의 일부'처럼 사용하기를 권장한다. 즉, 객실의 연장선상에서 라운지를 쓸 수 있도록 설계한 것이다. 실제로 이 호텔의 객실에는 커피포트와 티백 외에는 별다른 미니바가 준비되어 있지 않다. 대신 라운지에 가면 낮에는 각종 음료와 다과가, 저녁에는 주류와 함께 계절마다 바뀌는 일본식 스낵 및 야식이 마련되어 있다. 여기서 원하는 것을 가져다가 객실에서 즐기면 된다. 일본 문화에 관련된 여러 도서들도 비치되어 있으며, 라운지 담당 직원은 컨시어지 역할을 겸하고 있어 유용한 여행 정보를 얻을 수도 있다. **도쿄를 처음 찾은 외국인 여행자에게는 이 오차노마 라운지가 여행의 시작이자 휴식처인 동시에, 일본 문화를 간접 체험하는 공간이 되는 셈이다.**

도쿄의 많은 호텔이 사우나와 공용 욕탕 시설을 보유하고 있으나 실제 온천욕처럼 즐기는 데는 한계가 있다. 때문에 여행객들은 가까운 하코네나 오다이바의 온천 시설로 향한다. 호시노야 도쿄는 이 지점에서도 차별화를 도모했다. 호텔이 위치한 지역에서 채굴되는 오테마치 온천수를 끌어다가 최상층인 17층에 실내 온천과 노천 온천을 조성한 것이다. 특히 노천 온천에는 최소한의 조명만 설치되어 있어 밤에 노천욕을 즐기면 머리 위로 펼쳐진 도시의 밤하늘을 만끽할 수 있다. 게다가 긴자 시내의 소음이 자연스럽게 들려와 마치 대도시 속에 홀로 존재하는 듯한 특별한 기분이 든다. 확실히 일반적인 온천 마을의 노천욕으로는 경험할 수 없는 일이다. 만약 전통 료칸의 온천처럼 꾸며놓았다면 이렇게까지 색다른 인상을 받지는 않았을 것 같다. 온천욕을 마치고 탈의실에 들어서니 우유가 담긴 복고풍의 귀여운 병 여러 개가 준비되어 있다. 일본의 전통 목욕탕인 '센토' 문화에서 착안한 서비스로, 온천 후에 마시는 시원한 우유 한 잔에 마음까지 상쾌해진다.

온천욕이 끝나면 바로 옆에 있는 운동실에서 '숙면을 위한 호

> 호시노야 도쿄에서 운영하는 일본 전통문화 체험 프로그램. 외국인을 위해 간소화된 기모노를 제공한다.

흡 운동'을 배울 수 있다. 약 30분간 가벼운 체조와 깊은 호흡을 하며 숙면을 준비한다. 동작이 크게 부담되지 않아 쉽게 따라할 수 있었고, 꼭 여행 중이 아니어도 활용할 수 있어 무척 유용했다. 아침에는 잠을 깨는 일본식 운동 시간도 마련되어 있다. 모든 운동 프로그램은 객실에 비치된 투숙객 전용 기모노를 입고 참여한다. 호시노야 도쿄의 기모노는 운동복 재질로 만들어져 입었을 때 매우 편안하고, 입는 방식 역시 간소해 외국인이 입기에도 좋다. 전통 복장을 갖춰 입고 현지 방식으로 하루의 시작과 끝을 준비하는 시간은 도쿄 여행의 또 다른 즐거움이 된다. 이와 같이 호시노야 도쿄에서 제안하는 모든 여행 경험은 '일본'이라는 거대한 문화 콘텐츠를 대전제로 한다. 그렇다고 해서 그 대상이 외국인 여행객에만 국한된 것은 아니다. 이러한 콘텐츠들이 일본인에게도 매력적으로 다가간다는 것도 호시노야 도쿄에서 주목해야 할 포인트 중 하나다.

호텔, 지역 관광 콘텐츠 발굴에 앞장서다

기존의 호텔 업체들은 다양한 타깃 고객층에 맞춰 호텔 브랜드를 '포트폴리오' 방식으로 구성해왔다. 이를테면 5성급 럭셔리 호텔, 4성급 비즈니스 호텔, 3성급 여행자 전용 호텔 등으로 나누고 이에 맞는 위치를 선정하는 식이다. 그런데 호시노 리조트가 포트폴리오를 분류하는 기준은 다른 호텔과 사뭇 다르다. 그 기준이 공개된 것은 아니지만, 호시노 리조트의 브랜드들을 살펴보면 '제공하는 여행 콘텐츠'에 따라 나눈 것이라 짐작할 수 있다. 특급 호텔로 분류되는 호시노야 도쿄에 이어 호시노 리조트가 새롭게 론칭한 젊은 감각의 호텔 오모OMO에 묵으면서 이 호텔 업체가 얼마나 콘텐츠에 집중하는지 잘 알 수 있었다. 일반적으로 호텔은 투숙객의 수요가 많이 발생하는 지역에 세워진다. 그런데 지난 2018년 5월에 문을 연 오모5 도쿄 오쓰카는 거꾸로 자신들이 지역 콘텐츠를 개발하는 호텔이 되겠다고 자청했다.

이 호텔에 가려고 도쿄 지하철 노선도를 보며 오쓰카 역을 찾는 데 한참이 걸렸다. 도쿄 역에서 야마노테선을 타고 약 30여 분간 북서쪽으로 이동하자 비로소 한적한 기차역이 모습을 드러냈다. 오쓰카 역 일대를 한마디로 표현하자면 '레트로 도쿄'라고 할 수 있겠다. 바쁘게 오가는 사람들로 가득한 긴자나 시부야와는 달리 평범한 주거 지역이라 골목마다 숨어 있는 오래된 가게들을 탐방하면서 보다 때 묻지 않은 도쿄를 관찰할 수 있다. 오모5 도쿄 오쓰카에 들어섰을 때 가장 먼저 보이는 것은 복도에 붙어 있는 거대한 지도다. 이 지도에는 호텔이 있는 오쓰카 역 주변의 볼거리와 먹거리가 빼곡하게 표시되어 있다. 이렇게 호텔이 자체적으로 지역 지도를 제작하는 경우 인쇄물로 만들어 체크인을 할 때 나눠주는 것이 일반적인데, 이 호텔에서는 QR 코드를 이용해 구글 지도에 정리된 온라인 버전 지도만 제공한다. 내가 직접 투숙해보니 사실상 지도가 아예 필요하지 않았다. 호텔리어가 여행 가이드로 변신해 지도에 표시된 곳들을 안내해주는 오모레인저 투어에 참여하면 되기 때문이다.

오모레인저는 오모 호텔에서만 만날 수 있는 특별한 가이드다. 호텔리어들이 직접 호텔 주변 일대를 분석해 콘텐츠를 개발하고 워킹 투어, 미식 투어, 나이트 투어 등 테마 투어 프로그램을 운영한다. 나는 저녁에 진행되는 바 투어에 참여했다. 분위기 좋은 펍에 가서 그곳에서 만든 수제 맥주를 마시고, 일본 각지의 사케를 보유한 사케 바에서 3종 테이스팅 세트를 맛봤다. 모두 그 지역 주민이 아니라면 알기 어려운 곳들이었다. 투어에 포함되는 가게를 어떻게 선정하는지 가이드에게 물어보니, 호텔리어들이 퇴근 후나 휴일에 즐겨 찾는 맛집들 중에서 선별한다고 했다. **오모레인저 투어는 다른 곳의 투어 프로그램에 비해 전문성은 떨어질지 몰라도 현지 친구를 만나 동네를 돌아다니는 듯한 기분으로 여행할 수 있어 부담 없고 새롭다.** 오늘날 밀레니얼 세대는 무언가를 보기 위해서라기보다 직접 먹고 마셔보기 위해 여행을 떠난다. 과거에 유명한 관광 명소였다고 해서 지금의 여행자들이 그곳을 찾아간다는 법은 없다. 호시노야 도쿄와 오모, 호시노 리조트의 두 브랜드는 차별화된 여행 콘텐츠를 제공하는 것만으로도 호텔이 경험 플랫폼으로서 충분히 기능할 수 있다는 것을 잘 보여주는 사례다.

숙박만 파는 호텔과
취향도 파는 호텔

〉

나는 2015년부터 해마다 하와이를 방문해 지금까지 총 20곳의 호텔을 취재했다. 그중 서프잭 호텔 앤드 스윔 클럽은 유독 독특한 분위기를 지닌 곳이다. 이곳에 가면 수영장의 선베드에 반쯤 드러누워 무릎 위에 노트북을 올려놓고 일하는 젊은이들이 많이 보인다. 이 호텔의 매력은 바로 이 수영장이다. 수영장 바닥에 선명하게 새겨진 'Wish you were here(너도 여기에 있다면 좋을 텐데)'라는 문구가 시선을 사로잡기 때문이다. 이 문구는 투숙객에게 건네는 말이 아니라 소셜미디어를 통해 잠재 소비자에게 전하는 메시지다. 인스타그램에서 이 호텔을 검색했을 때 수영장을 촬영한 사진이 압도적으로 많이 나오는 것을 보면 이 전략이 꽤 성공적이었음을 알 수 있다.

출처: 서프잭 호텔 앤드 스윔 클럽

> 서프잭 호텔 앤드 스윔 클럽의 수영장. 잠재 소비자에게 전하는 메시지를 수영장 바닥에 새긴 것이 독특하다. 실제로 이 수영장을 촬영한 사진들은 소셜미디어를 통해 빠르게 확산됐다.

주변의 다른 호텔에 비해 작고 불편한 수영장이 이토록 사랑받을 수 있는 것은 수영이라는 기능적인 경험 대신 자유와 동경의 메시지를 파는 영민함 덕분이다. 이 호텔은 해변에서 떨어진 곳에 있어 와이키키의 많은 호텔들이 주요 매력 포인트로 내세우곤 하는 '오션 뷰'의 멋진 경치를 제공하지 못한다. 이처럼 불리한 입지 조건에도 불구하고 젊은 여행자들이 일부러 찾아와 일과 여행을 즐기는 모습에서 '내가 여기 묵고 있다'는 사실을 알리고 싶어 하는 욕망을 읽을 수 있다. 2017년 9월, 영국의 라이프스타일 잡지 《모노클》은 '워크 앤드 라이프 밸런스(워라밸)'를 커버스토리로 다루며, 사무실을 떠나 디지털 노마드로 살아가려는 밀레니얼 세대의 변화에 주목했다. 이들에게 여행은 인생의 색다른 이벤트가 아니라 일과 여가를 병행하기 위한 새로운 삶의 방식이다.

호텔의 새로운 역할, 소셜라이징

오랜 세월 동안 호텔은 현실 세계와 잠시 단절되고 싶을 때 찾는, 다른 세계에 있는 특별한 공간으로 여겨졌다. 하지만 이제 한국에서도 호텔을 목적지로 삼아 떠나는 여행이 흔해질 만큼 친숙한 곳이 됐다. 이러한 변화는 '호캉스'나 '스테이피케이션'이라고 일컬어지기도 하고, SNS상에서는 '호텔놀이'라고 불리기도 한다.

지난 10여 년간 빠르게 전개된 저비용 항공 시장의 확대와 공유 경제의 흐름은 전 세계의 여행 문화를 송두리째 바꿔놓았다. 특히 기존 패키지여행에는 없었던 '숙소 선택'의 자유가 주어지자 누구나 자신의 취향과 선호도에 맞는 숙소를 고를 수 있게 됐다. 그러자 전 세계 지점의 객실들을 모두 규격화했던 체인 호텔들도 서서히 로비와 객실의 디자인을 달리하기 시작했다. 그중에서도 해당 호텔만의 고유한 브랜드와 개성을 앞세운 소규모의 호텔들이 우후죽순 생겨나면서, 보수적인 호텔 그룹들도 유명한 디자인 업체나 아티스트와 협업하며 획일화에서 탈피하려는 움직임을 보이고 있다. 호텔의 변화는 여기서 멈추지 않는다. 소위 '라이프스타일 호텔'이라 부르는 새로운 호텔들은 디자인이나 예술을 도입한 것에서 그치지 않고, 호텔이 위치한 지역으로 눈을 돌린다.

최근 들어 두드러지게 나타나는 호텔 업계의 경향은 지역과 긴밀히 연계하여 새로운 여행을 제안하고 차별화된 이야기를 발신하는 '플랫폼'의 역할을 수행한다는 것이다. 여행 업계의 주요 소비자로 부상한 밀레니얼 세대가 여행에서 얻고자 하는 효용이 휴식이나 현실 도피를 지나 다음 단계로 이동하고 있기 때문이다. 이들은 여행을 통해 삶의 질 상승이나 새로운 문화의 학습, 신선한 삶의 방식 체험 등을 추구한다. 또한 숙소라는 플랫폼을 통해 해당 지역의 새로운 매력을 발견하려고 한다. 그렇다 보니 숙박 시설의 역할과 의미도 이에 맞춰 빠르게 진화하는 중이다. 따라서 앞으로의 호텔이 그 존재 가치를 증명하려면 단순히 잠을 자고 밥을 먹는 숙박의 기능에서 탈피해야만 한다. 밀레니얼 세대는 개인을 존중하면서도 상호 교류를 원한다. 이러한 라이프스타일을 충족시켜주기 위해 세계 각지의 호텔들이 나름의 답을 하나둘씩 내놓고 있다.

라이프스타일 호텔의 첫 번째 흐름은 '소셜라이징', 즉 새로운 만남이나 지역사회와의 교류를 매개해주는 역할이다. 대표적인 예로는 메리어트 인터내셔널의 새로운 호텔 브랜드로, 지난

2019년 11월 서울 인사동에도 오픈한 비즈니스 호텔 목시Moxy가 있다. 목시의 초창기 공식 웹사이트의 메인 화면에는 고객의 SNS 인증샷으로 채워지는 코너가 있었다. 투숙객이 '#atthemoxy'라는 해시태그를 단 게시물을 SNS에 올리면 목시의 공식 웹사이트와 SNS 계정에 연동되어 실시간으로 업데이트되는 방식이다. 부티크 호텔 열풍을 주도한 시델 그룹Sydell Group의 CEO 앤드류 조블러Andrew Zobler는 2018년 2월 《스키프트》와의 인터뷰에서 "라이프스타일 호텔은 하루 종일 머물면서 동네 이웃과 어울릴 수 있는 커다란 거실처럼 진화하고 있다"라고 말했다. 실제로 내가 시델 그룹의 대표 호텔인 프리핸드 시카고에 묵을 때 가장 인상적이었던 공간이 로비였다. 이 호텔의 로비는 낮에는 로컬 로스터리에서 로스팅한 원두로 만든 커피를 마실 수 있는 안락한 카페로 운영되고, 밤에는 로컬 DJ와 함께하는 파티가 열리는 바로 변신한다. 로비를 현지인과 여행자가 자연스럽게 어울리는 공간으로 만든 것이다. 온종일 호텔 안에만 있어도 지역 경제와 상생하고 현지인과 교류할 수 있다면 굳이 밖으로 나가지 않고도 해당 지역을 여행할 수 있는 셈이다.

'나를 표현하는 수단'으로서의 호텔

라이프스타일 호텔의 두 번째 흐름은 일과 휴식이 모두 가능한 '코워킹 스페이스coworking space'다. 홍콩의 이튼 호텔은 세계적인 특급 호텔 체인 랭햄 호스피탈리티 그룹 창업자의 딸인 캐서린 로Katherine Lo가 만들었다. 부모 세대의 호텔로는 밀레니얼 시대를 대비할 수 없다고 판단한 것이다. 미국에서 사회운동가로 활동했던 그녀는 호텔이 지역사회에서 수행해야 하는 역할과 책임에 눈을 돌렸다. 2018년 워싱턴 D.C.와 홍콩에 개장한 이튼 호텔에는 현지 창작자와 1인 기업가가 일할 수 있는 코워킹 스페이스가 마련되어 있다. 지역사회를 이끄는 전문가를 초청해 다양한 세미나와 워크숍을 열기도 한다. 호텔을 '소셜 허브Social Hub'화하겠다는 이튼 호텔의 의지가 엿보이는 대목이다.

한편, 유럽의 호텔 시장도 코워킹 스페이스에 주목하고 있다. 아코르 그룹에 인수된 프랑스의 부티크 호텔 마마 쉘터Mama shelter는 2017년 리옹과 보르도 지점에 코워킹 스페이스 '마마 웍스'를 오픈했다. 집처럼 안락한 분위기의 마마 웍스에는 라운지와 회의실, 무제한 와이파이 등이 갖춰져 있다. 이용자는 6시간, 1일, 1개월 단위 요금제 중에 원하는 것을 골라 사용하면 된다. 호텔의 공유 공간 비즈니스는 시간과 장소에 얽매이지 않고 일하며 현지 문화와 교류하려는 밀레니얼 세대의 부상과 함께 지속적으로 성장할 것이다.

세 번째 흐름은 '나를 표현하는 공간'으로서의 호텔이다. 자신이 겪는 일련의 경험들을 실시간으로 촬영하고 공유하는 지금의 밀레니얼 세대에게 호텔만큼 자신의 취향과 정체성을 드러내기 좋은 공간도 없다. 이러한 경향을 읽은 세계의 호텔들은 일찌감치 '인증샷 세대'를 위한 다양한 장치를 개발했다. 럭셔리 휴양 여행자를 타깃으로 하는 리조트인 콘래드 몰디브 랑갈리 아일랜드는 세계 최초로 인스타그램 버틀러butler를 모집하는 구인 공고를 내 화제가 됐다. 인스타그램 버틀러란 인스타그램용 사진을 전문적으로 촬영해주는 호텔리어를 말한다. 이 버틀러는 단지 사진을 대신 찍어주기만 하는 것이 아니라 가장 포토제닉한 사진을 찍을 수 있는 장소를 안내하고, 최고의 사진을 위한 포즈도 알려준다. 그런가 하면 아예 투숙객에게 카메라를 쥐어주는 호텔도 있다. 하와이의 더 로얄 하와이안 리조트는 투숙객에 한해 액션캠을 무료로 대여해준다. 핑크빛 건물이 독특한 이 리조트는 웨딩 사진을 비롯한 각종 기념사진 명소로 꼽히는데, 이 점에서 착안한 서비스라고 볼 수 있다. 허니문 등 특별한 여행으로 리조트를 방문한 고객의 니즈를 간파한 것이다.

국제 호텔 업계의 움직임은 국내 호텔들에게도 조금씩 영향을 주고 있다. 물론 대부분의 국내 호텔들은 여전히 숙박과 F&B(식음료 서비스)를 제공하는 전통적인 역할에 치우쳐 있으나, 조금씩 지역성이나 취향을 고려한 프로그램들을 도입하는 추세다. 2019년 이비스 앰배서더 인사동이 선보인 '경성 의복 패키지'가 그 대표적인 예로, 호텔이 위치한 지역의 특성을 반영하는 동시에 밀레니얼 세대의 인증샷 욕구도 충족시켜주는 경험 상품이다.

이 패키지 상품을 신청한 투숙객들은 이미 너무 흔해진 한복 체험에서 벗어나 드라마에서나 볼 수 있었던 1930년대의 복고풍 의상을 입고 특별한 사진을 남길 수 있다. 사드 사태 이후 중국인 관광객의 급감으로 큰 어려움을 겪고 있는 국내 호텔 업계가 무엇보다 주목해야 할 것은 호텔의 정체성을 찾고 알리는 일이다. 소비자가 호텔을 선택하는 기준이 숙박 시설의 스펙이나 프로모션의 할인율이 아닌 그 호텔의 브랜드 정체성과 소비자 자신의 취향으로 바뀌고 있기 때문이다.

기술이 호텔리어를 대체할 수 있을까?

- 테크 호텔의 현재와 한계

>

앞서 호시노 리조트 사례에서 소개한 오모5 도쿄 오쓰카에 막 도착했을 때였다. 이곳은 숙박 체크인을 하는 과정이 여느 호텔과는 조금 달랐다. 프런트 직원이 데스크에서 나와 내 옆에 서더니, 앞에 있던 기계에 여권을 스캔했다. 곧이어 기계에서 카드 키와 영수증, 조식 쿠폰이 출력되어 나왔다. 만약 직원의 도움 없이 내가 스스로 여권을 스캔하고 예약 번호를 입력했어도 결과는 똑같았을 것이다. 실제로 그러한 경험을 했던 적도 있다. 무려 10년 전인 2010년, 네덜란드 암스테르담의 시티즌 엠 호텔에서였다. 그곳의 로비에는 여러 대의 체크인 기계가 설치되어 있어 여러 명의 여행자들이 동시에 셀프 체크인을 할 수 있었다. 이 호텔은 객실을 예약할 때 원하는 조명과 음악도 함께 설정할 수 있는데, 문을 열고 객실로 들어서면 미리 지정해둔 대로 조명과 음악이 자동으로 켜진다. 당시에는 지점이 단 2개뿐인 네덜란드의 독립호텔에 불과했던 시티즌 엠은 현재 유럽을 넘어 미국, 대만, 중국으로까지 진출해 20곳이 넘는 체인을 보유한 미래형 호텔의 선두주자로 자리 잡았다.

어느새 깊숙히 파고들어온 인공지능과 자동화

자동화되고 있는 호텔 서비스는 비단 체크인 시스템만이 아니다. 중국 상하이에 위치한 안다즈 신텐디 상하이 하얏트에서는 전화가 아닌 태블릿 PC로 룸서비스를 주문할 수 있다. 이 태블릿 PC 하나로 TV 채널부터 창문 블라인드, 조명, 에어컨 등을 조절하고 객실 청소도 요청한다. 그중 가장 독특한 기능은 '피스 오브 마인드Peace of Mind'였다. 중국어로 서비스를 요청하기 어려운 외국인들을 위한 기능으로, 호텔에서 제공 가능한 물건들의 사진을 보며 필요한 것을 골라 클릭하면 간편하게 주문이 완료된다. 프랑스의 호텔 그룹 아코르의 산하 브랜드인 소피텔 소 역시 객실에 태블릿 PC가 비치되어 있다. 이제 호텔 객실에서 이러한 자동화 서비스를 만나는 것은 그리 어렵지 않은 일이다. 동시에 체크인이나 룸서비스 과정에서 직원과 직접 대면하는 경우는 크게 줄어들고 있다.

최근 호텔 업계가 가장 눈여겨보는 기술은 단연 인공지능과 이를 활용한 서비스다. 지난 2017년, 세계 10대 골프 리조트로 꼽히는 미국 캘리포니아의 페블 비치 리조트는 IBM의 인공지능인 왓슨Watson과 함께 모바일 애플리케이션을 개발했다. 코스가 5개나 되는 골프장을 보유한 페블 비치 리조트는 아이러니하게도 그 넓은 부지 때문에 고충을 겪고 있었다. 원하는 음식을 파는 식당을 찾는 간단한 일조차 이 리조트에서는 쉽지 않았기 때문이다. 이때 애플리케이션에 '어디서 햄버거를 살 수 있습니까?'라고 물으면 현재 위치를 기반으로 경로를 안내해준다. 고객이 원하는 장소에서 원하는 일을 할 수 있도록 도와주는 컨시어지의 역할을 애플리케이션이 대신하는 것이다.

인공지능 상용화의 대표 사례인 음성인식 분야에서도 호텔을 중요한 고객으로 바라보고 있다. 메리어트 인터내셔널은 2018년에 아마존과 손잡고 에코 스피커인 알렉사 포 호스피탈리티Alexa for Hospitality를 객실에 도입했다. 투숙객이 자신의 아마존 계정을 이 객실에 있는 스마트 스피커에 연동시키는 순간, 평소에 사용하던 아마존 서비스를 호텔 객실에서도 그대로 쓸 수 있게 된다. 스마트워치가 개인의 생체리듬 데이터에 따라 필요한 운동 시간과 양을 알려주고, 위치를 인식하여 해당 호텔의 적절한 부대시설로 안내해주는 식이다. 이처럼 처음 방문한 호텔에서도 직원의 도움 없이 간편하게 원하는 것을 찾고 누릴 수 있는 시대가 코앞에 다가왔다.

호텔리어 없는 호텔이 정말로 가능할까?

그렇다면 기술이 계속 발전할 경우 인간 호텔리어는 사라지게 될까? 호텔 서비스의 본질이 '환대'임을 떠올린다면 섣불리 단언할 수는 없는 문제다. 또한 개인 정보 유출와 관련된 우려도 무시해서는 안 된다. 현재 음성인식 스피커를 이용한 사물인터넷IoT, Internet of Things 시장에는 아마존 등 세계 유수의 기업이 뛰어들어 경쟁하는 중이며, 고객의 개인 데이터를 많이 가진 쪽이 더 밀접한 개인화 서비스를 제공할 수밖에 없다. 그런데 그런 기업들이 운영하는 스마트스피커 시스템이 해킹된다면 엄청난 양의 개인 정보가 유출되고 말 것이다. **따라서 호텔들은 인공지능 서비스를 본격적으로 도입하기 전에 개인 정보를 어떻게 관리할 것인지, 보안 문제에 대한 고객의 불안감을 어떻게 해소할 것인지 등을 해결해야 다음 단계로 나아갈 수 있다.**

체크인의 자동화도 쉽게 판단할 문제가 아니다. 호텔에서 객실 배정의 권한은 프런트의 직원에게 있다. 이들은 이용 횟수가 많거나 충성도가 높은 고객에게는 사정이 허락하는 한 상위 객실을 내어주거나 부가적인 서비스를 제공하는 융통성을 발휘한다. 그러나 체크인이 자동화되면 그러한 서비스가 적용될 여지가 훨씬 줄어들고, 호텔과 투숙객 사이에 유기적인 관계를 쌓는 일이 어려워질 수 있다. 예를 들어 늘 호텔 공식 웹사이트에서 예약을 하다가 처음으로 OTA를 이용해 예약한 단골 고객이 있다고 해보자. 이 경우 자동화된 체크인 프로세스는 이 고객을 단골로 인식하지 못할 수도 있다. 일반적으로 OTA에서 예약을 할 때는 체인 호텔의 회원 번호가 필요하지 않고 투숙 내역이 해당 호텔의 로열티 프로그램에 적립되지도 않기 때문이다. 단골로서 부가 서비스를 기대했던 고객의 입장에서는 실망스러운 일이 아닐 수 없다.

고객의 사생활 보호와 인간적 환대 서비스의 가치는 오히려 기술이 발전할수록 더욱 중요해질 것이라 예상된다. 하지만 호텔 서비스 중 몇몇 분야에서는 인간 직원의 경쟁력이 눈에 띄게 낮아지고 있다. 대표적인 서비스 업종 중의 하나인 호텔업은 늘 직원이 상주하며 고객을 위해 대기해야 한다. 특히 심야에도 진행되는 프런트의 객실 체크인이나 룸서비스 같은 업무를 담당하는 직원들은 주간과 야간으로 나누어 돌아가며 근무하는 것이 일반적이다. 하지만 기계는 24시간 내내 일할 수 있고 지치지 않는다. 게다가 최근 직접적인 대면 서비스를 꺼리는 '언택트Untact' 문화가 확산되면서 간단한 문의는 자동화된 서비스를 선호하는 사람들이 늘어나고 있다. 일례로 라스베이거스의 더 코스모폴리탄 호텔은 2017년에 인간보다 더 인간적으로 투숙객과 소통하고 실시간으로 고객의 요구에 대응하는 스마트컨시어지를 목표로 챗봇 '로즈rose'를 개발하기도 했다. 호텔 측은 이 챗봇의 개발을 위해 전 직원과 소통하여 고객에게 받을 수 있는 질문과 그에 대한 답

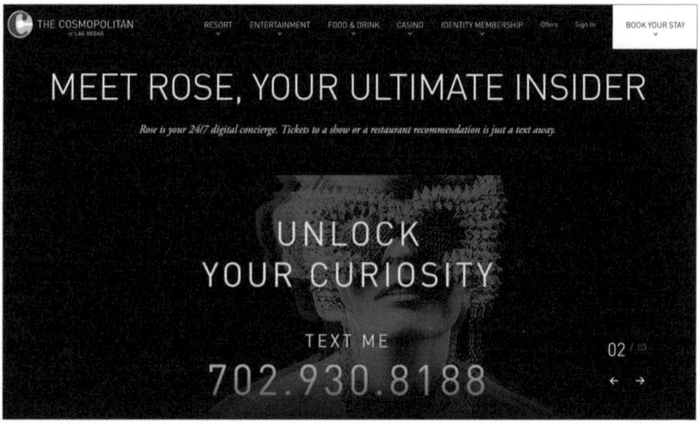

출처: cosmopolitanlasvegas.com/rose

› 더 코스모폴리탄 호텔이 개발한 챗봇, 로즈. 투숙객들은 언제 어디서든 로즈를 이용해 레스토랑이나 투어 티켓을 예약하고 호텔 내 서비스 관련 문의를 할 수 있다.

변을 1,000개 이상 확보해 데이터화했다. 이를 통해 호텔이 제공하는 기본 서비스뿐만 아니라 보다 다양하고 개인적인 고객의 요구들을 공략할 수 있는 챗봇을 만들어낼 수 있었다. 예를 들어 레스토랑의 메뉴판에 없는 비밀 메뉴를 추천해주는 등 고객의 숨겨진 니즈까지 파악해 채워주는 것이다. 더 코스모폴리탄 호텔은 로즈와 대화를 나눈 고객이 그렇지 않은 고객에 비해 평균 37%나 더 많은 돈을 썼다는 이용 결과를 발표했으며, 이는 글로벌 투어리즘 포럼에서 소개될 만큼 성공적인 챗봇 활용 사례로 꼽힌다.

지난 6년간 호텔을 중심으로 여행하면서 많은 호텔들이 컨시어지의 경쟁력을 제대로 활용하지 못하고 있다는 생각이 들 때가 많았다. 그동안 호텔 컨시어지는 주변 관광지를 안내하거나 투어 및 예약을 대행하는 역할을 수행했다. 하지만 이제 여행의 정의와 목적이 바뀌고 그에 따라 여행자의 니즈도 변화하고 있다. 따라서 더 좁고 깊은 여행 정보를 제공하는 컨시어지가 필요하다. 그리고 그런 컨시어지는 호텔의 차별화 전략이자 경쟁력이 될 수 있다. 그렇다면 인간의 경쟁력을 무기로 정면 승부하는 호텔과 항공사는 없는지 이어서 알아보도록 하자.

격변 속의 호텔과 항공사, ‘사람’에 집중하라

>

서울 홍대입구역 부근에 위치한 라이즈 호텔에는 ‘스니커즈 컨시어지’라는 독특한 직책을 가진 호텔리어가 있다. 한정판 운동화를 수집하는 것이 취미였던 호텔리어가 비슷한 취미를 가진 투숙객의 쇼핑에 도움을 주다가 이를 요청하는 사람들이 늘어나면서 정식 서비스로 자리 잡은 것이다. 홍대를 거점으로 쇼핑을 즐기기 위해 해당 호텔을 찾는 외국인 여행자에게 인터넷 검색보다 더 편리하고 전문적인 맞춤형 서비스로 어필하는 중이다. 한편, 1박 투숙비가 최소 2,000달러에서 최대 2만 6,000달러에 이르는 몰디브의 초호화 리조트 소네바 푸시에는 독서 컨시어지가 있다. 리조트 내의 도서관에서 근무하는 직원들로, 개개인의 취향에 맞는 책을 추천해줄 뿐만 아니라 아동 투숙객을 위한 책낭독 프로그램, 평소 글쓰기에 관심이 있던 투숙객을 위한 작문 프로그램 등을 운영한다. 독서와 작문 관련 전문성을 갖춘 이들만 독서 컨시어지로 근무할 수 있다. 영국《가디언》에 실린 한 기사에서는 이 독서 컨시어지를 가리켜 '세계 최고의 직업Best job in the world'이라 표현하기도 했다. 물론 모든 호텔들이 이런 특별한 컨시어지를 고용할 수 있는 것은 아니다. 그렇지만 호텔을 비롯한 여행 업계가 차별화에 성공하려면 자동화로 대체할 수 없는 영역을 적극적으로 개척해야 한다는 점을 시사한다.

소통에 목마른 현대인의 욕망을 읽다

사람의 손을 거쳐야 했던 많은 서비스들이 기술로 대체되는 오늘날, 사람 중심의 서비스는 호텔에 어떤 가치를 안겨줄 수 있을까? 이와 관련해 미국 위스콘신주의 밀워키라는 도시에서 포착된 흥미로운 사례를 소개한다. 밀워키라는 도시 이름을 들었을 때 무엇이 떠오르는가? 로스앤젤레스나 뉴욕, 샌프란시스코처럼 관광지로 널리 알려진 도시들과는 다르게 밀워키는 미국인들조차도 잘 찾지 않는 곳이다. 주로 메이저리그 야구팀 '밀워키 브루어스'와 함께 언급되는 정도다. 이 생소한 도시에 125년이 넘는 역사를 가진 호텔이 있다. 1893년에 지어져 지금까지도 영업하고 있는 피스터 호텔로, 밀워키를 대표하는 명소로 꼽힌다. 이 호텔에는 오랫동안 '귀신이 나오는 호텔'이란 악명이 따라다

넜다. 원정 경기를 위해 밀워키에 방문해 피스터 호텔에 묵었던 야구 선수들이 괴이한 일을 겪었다는 증언이 거듭되면서 붙은 별명인데, 이런 소문과 평판이 호텔에 도움이 될 리가 없다. 관광지가 아닌 곳에 있는 데다가 귀신이 나온다는 흉흉한 소문까지 도는 이 오래된 호텔은 어떻게 위기를 극복하고 현재의 입지를 다질 수 있었을까?

온갖 악조건 속에 놓여 있던 피스터 호텔이 살아남으려면 특단의 조치가 필요했다. 지역 자체에 매력적인 요소가 없어 절대적인 방문객 수가 부족한 탓에 그저 호텔만 홍보해서는 문제를 해결할 수 없는 상황이었다. 따라서 지역과 호텔을 새롭게 조명할 수 있는 전략을 찾아내야만 했다. 그러던 2011년, 피스터 호텔이 '피스터 내레이터Pfister Narrator'라는 새로운 프로그램을 론칭했다. 밀워키 내에서 활동 중인 신진 작가를 공개적으로 모집하여 선발한 후, 1년간 급여를 지급하며 일정한 역할을 부여하는 프로그램이다. 내레이터들은 급여 외에 식사와 주차도 무료로 지원받는다. 기존의 호텔들이 많이 시행했던 아티스트 레지던시, 즉 예술가에게 숙식을 제공하고 작품 활동을 지원하는 프로그램과도 비슷해 보인다. 그런데 피스터 내레이터는 작가로서 작품 활동을 하는 것이 아니라 호텔 고객들의 이야기를 기록하는 일을 한다. 이들은 호텔 로비에 상주하면서 다양한 방문객들과 대화를 나누고 그 내용을 정리해 호텔 블로그에 주 2회 이상 꾸준히 업로드한다. 이는 호텔을 방문한 사람들의 실제 이야기를 토대로 호텔에 새로운 스토리텔링 콘텐츠를 부여하려는 시도였다. 일반적으로 호텔 컨시어지는 고객에게 무언가를 알려주는 사람이라 여긴다. 피스터 호텔은 이러한 고정관념을 깨고 컨시어지가 고객의 이야기를 들어준다는 역발상을 해낸 것이다.

방문객과 대화할 때 피스터 내레이터들은 대개 '당신은 왜 이 호텔에 왔나요?'와 같은 가벼운 주제로 운을 뗀다. 대화를 나누면서 내레이터가 자신의 말에 진심으로 귀를 기울이고 있다는 것을 알게 된 사람들은 조금씩 개인적인 이슈들을 꺼내기 시작하고, 나중에는 자신의 인생 이야기를 적극적으로 풀어놓는다. **급변하는 시대를 살아가는 현대인은 누군가가 내 이야기를 들어줬으면 하는, '인간 대 인간의 커뮤니케이션'에 대한 갈증을 품고 있다는 사실을 피스터 호텔이 정확히 짚어낸 것이다.** 고객들의 이야기들은 전문 작가의 손을 거쳐 매력적인 콘텐츠로 재탄생된다. 그런 콘텐츠들이 차곡차곡 쌓인 결과, 피스터 호텔의 블로그는 프로모션이나 가격을 안내하는 평범한 블로그에서 한번쯤 살펴볼 만한 흥미로운 미디어로 거듭났다.

당시 각종 매체와 소셜미디어에 회자될 만큼 첫 번째 피스터 내레이터 프로그램의 결과는 놀라웠다. 2011년 1월부터 2012년 4월 사이에 피스터 호텔의 공식 웹사이트를 방문한 사람은 총 56만 명이었는데, 그 가운데 무려 75%에 이르는 사람들이 이전에는 한 번도 해당 웹사이트에 방문한 적이 없는 신규 방문자였다. 이는 피스터 내레이터 프로그램이 새로운 고객들의 관심을 이끌어내는 데 성공했음을 의미한다. 피스터 호텔은 이 프로그램으로 2012년 소셜 호텔 어워드에서 베스트 프로퍼티 블로그상을 수상하기도 했다. 피스터 내레이터 프로그램은 현재까지도 꾸준히 운영되며 많은 이들의 사랑을 받고 있다.

끊임없이 발전 중인 항공사의 휴머니즘 마케팅

항공 업계의 자동화는 호텔 업계에 비해 빠르게 진행되고 있다. 그런 항공 업계에서 휴머니즘이 강조되고 있다는 점은 아이러니한 일이다. 앞서 항공 브랜드의 소비자 충성도가 약화되는 현상을 언급한 바 있다. OTA의 발달로 여행자들은 항공사의 이름 대신 가격, 탑승 조건, 기종 등을 기준으로 항공사를 고를 수 있게 됐다. 이에 대처하기 위해 브랜드 정체성을 감성적으로 각인시키려는 항공 업계의 소셜미디어 캠페인은 업계가 느끼는 위기의식과 그로 인한 변화를 매우 잘 보여준다. 여러 캠페인 중에서 인간 중심의 마케팅으로 매출 상승에 큰 효과를 거둔 사례는 캐나다 항공사 웨스트젯이 2013년에 실시한 것이다. 사실상 이 캠페인을 계기로 많은 항공사들이 사람에 초점을 맞춰 스토리텔링하는 마케팅 방식을 도입한 것이나 마찬가지다.

'크리스마스의 기적Christmas Miracle'이라는 제목의 캠페인 영상은 공항에 설치된 디지털 스크린에 산타클로스가 등장하여 승객들에게 '받고 싶은 크리스마스 선물'을 물어보는 장면으로 시작된다. 목적지에 도착해 웨스트젯의 항공기에서 내린 승객들은 수화물이 실려 나와야 할 컨베이어 벨트에 자신이 농담처럼 말했던 선물이 올려져 있는 것을 보고 깜짝 놀란다. 짧은 영화와 같은 이 영상은 입소문을 타고 순식간에 유명해져 온라인상에 퍼졌고, 《허핑턴 포스트》와 《매셔블》 등 미디어에서 관련 내용을 보도하기도 했다. 유튜브에 업로드된 캠페인 영상의 누적 조회 수는 2020년 1월 기준 4,900만 회를 돌파한 상태다. 또한 캠페인 직후에는 웨스트젯의 당기 순이익이 147%나 상승했다. 북미에서의 브랜드 확장을 목표로 캠페인을 기획했던 웨스트젯은 이를 기점으로 미국 전역에서 엄청난 인지도를 확보하게 됐다.

이후 휴머니즘 테마의 캠페인은 발전을 거듭했다. 2016년 영국항공의 캠페인 영상 '사랑으로 가득한Fuelled by Love'을 보면 인간적 소통과 감성에 더욱 집중하고자 했음이 드러난다. 영국항공이 인도 시장을 염두에 두고 제작한 이 영상은 몸이 불편한 인도인 할머니 승객에게 친절을 베푼 승무원이 할머니의 초대를 받아 뭄바이에 방문하는 이야기를 담고 있다. 인도 출신의 디렉터가 감독한 이 영상은 공개 직후 100만 조회 수를 기록하며 온라인상에서 큰 화제에 올랐다. 현재 누적 조회 수는 735만 회에 달한다(2020년 1월 기준). **30초에서 1분 안팎의 TV 광고 포맷에서 벗어나 유튜**

출처: 웨스트젯 유튜브, 영국항공 유튜브

> 휴머니즘을 테마로 제작된 웨스트젯의 '크리스마스의 기적' 캠페인과 영국항공의 '사랑으로 가득한' 캠페인 영상. 기존의 항공사 캠페인과는 다른 차별화 전략으로 화제에 오르며 마케팅 면에서 높은 성과를 냈다.

브를 통해 자사 브랜드의 정체성에 휴머니즘을 더한 메시지를 전하는 광고 형식은 이제 항공사 캠페인의 주요 흐름이 됐다. 심지어 2018년에 핀에어는 '아시아와 유럽을 가장 빠르게 연결하는 항공사'라는 슬로건을 홍보하기 위해 〈이스트 앤드 웨스트 사이드 스토리East and West Side Story〉라는 제목의 단편영화를 제작하기까지 했다. 이렇게 인간 중심의 가치를 어필하려는 항공사들의 브랜드 캠페인은 광고 시간의 제한이 있는 TV보다 훨씬 자유로운 플랫폼인 유튜브와 만나서 더욱 정교한 스토리를 갖춘 양질의 콘텐츠로 발전될 것으로 전망된다.

CHAPTER 3

여행 업계가
인플루언서를 활용하는 법

최악의 항공사를 만난 유튜버, 어떻게 대처했을까?

>

지난 2008년, 미국 유나이티드항공이 위탁 수화물을 처리하는 과정에서 어느 록 밴드의 3,500달러짜리 기타를 파손한 일이 있었다. 당시 항공사의 대처는 매우 미숙했다. 각종 치사한 방법을 동원해 기타 비용을 보상해주지 않았던 것이다. 그러자 이 록 밴드는 자신들이 겪은 일을 '유나이티드항공이 내 기타를 망가뜨렸네United breaks guitars'라는 제목의 노래로 만들고 우스꽝스러운 뮤직비디오까지 제작해 유튜브에 올렸다. 이 노래와 뮤직비디오는 온갖 매체에 보도됐으며, 아이튠즈를 비롯한 음원 판매 서비스에서 높은 순위를 기록하기도 했다. 그 결과 노래와 뮤직비디오가 공개된 지 단 나흘 만에 유나이티드항공의 주가가 10%나 폭락하고 말았다. 400만 원도 안 되는 기타 하나 때문에 수천억

원에 달하는 손해를 본 것이다. 유튜브가 지금처럼 주류 매체가 아니었던 때에도 이렇게 어마어마한 나비효과를 일으켰는데 지금 이와 같은 일이 벌어진다면 어떻게 될까? 유나이티드항공의 사례로 여행 업계는 어떤 교훈을 얻었을까? 오늘날 여행 업계가 인플루언싱, 즉 입소문을 다루는 법을 제대로 이해하고 있는지 알아보도록 하자.

인플루언서를 적대시한 항공사의 최후

그로부터 10년이 흐른 2018년 11월, 페이스북 피드에 뜬 어느 해외 매체의 기사에서 유나이티드항공 사례의 데자뷔처럼 느껴지는 사건을 발견했다. 그 기사의 주인공은 내 지인인 독일의 항공 전문 인플루언서 조쉬였다. 11만 명의 유튜브 구독자를 가진 조쉬는 신뢰도 높은 항공 리뷰로 관련 상을 여러 차례 수상하기도 했다. 기사는 말레이시아항공의 비행기에 탑승했다가 불미스러운 일을 겪은 조쉬가 해당 내용을 영상으로 만들어 자신의 유튜브 채널에 올렸고, 불과 2~3일 만에 그 영상의 조회 수가 12만 회를 돌파하며 빠르게 퍼지고 있다는 내용을 담고 있었다.[1] 이 사건은 조쉬가 쿠알라룸푸르에서 런던으로 향하는 말레이시아항공의 A350 항공기에 탑승하면서 시작된다. 이 기종은 운용된 지 6개월밖에 되지 않은 새 기종인 데다가, 쿠알라룸프르-런던 노선은 14시간이나 걸리는 초장거리 노선이었다. 새로운 기종의 비행기를 마음껏 체험해볼 수 있으니 항공 마니아에게는 구미가 당기는 비행편이었을 것이다. 조쉬는 이코노미 클래스 탑승권을 구입했고, 탑승 전 항공사에 문의해 기내 촬영을 허가받았다. 전 세계의 수많은 항공사와 일하는 그는 말레이시아항공과도 이미 수차례 협업한 적이 있었다. 게다가 말레이시아에서 몇 년 동안 거주했던 경험도 있어 말레이시아항공은 조쉬에게 무척 친숙한 항공사 중 하나였다. 그래서 조쉬는 비행기에 탑승하는 순간까지 앞으로 자신에게 어떤 일이 벌어질지 상상도 하지 못했다고 한다.

이 비행은 조쉬에게 악몽과도 같았다. 기내식을 담은 쟁반과 그릇에는 이물질이 묻어 있었고 그의 기내 모니터는 작동하지 않았으며, 단 한 명의 승무원도 친절하지 않았다. 장거리 비행인 만큼 서비스 개선을 여러 번 요청했지만 직원들은 묵묵부답이었다. 그들과의 대화를 포기한 조쉬는 기내 무선 인터넷 서비스를 구매했다. 그리고는 자신의 인스타그램을 통해 비행 중 일어난 모든 일들을 실시간으로 공유했다. 그의 이야기는 순식간에 퍼져나갔고, 몇 분 뒤 말레이시아항공에도 보고됐으며, 결국 해당 항공기 기장의 귀에까지 전해졌다. 기장은 승무원에게 '빨리 이 문제를 해결하라'라고 지시했다. 하지만 승무원이 문제를 처리하는 방식은 그다지 프로페셔널하지 않았다. 일체의 서비스를 중단하고 조쉬를 철저히 무시하는 등 감정적으로 대처한 것이다. 또한

출처: 조쉬의 유튜브 채널 'Josh Cahill'

> 항공 인플루언서 조쉬가 자신의 유튜브 채널에 올린 말레이시아항공 리뷰 영상. 인플루언서를 괄시한 항공사가 치러야 했던 대가는 상상 이상이었다.

조쉬는 카메라를 끄지 않으면 어떠한 기내 서비스도 제공해줄 수 없다는 통보를 받아 사전에 협의된 촬영을 중단해야 했다. 비행기가 런던에 도착하자마자 항공사는 조쉬에게 해당 항공권을 환불해주겠다고 제안했으나 그는 이를 거절했다.

그다음 날, 조쉬는 자신이 겪은 일들을 '끔찍했던 말레이시아항공 탑승 경험 – 나는 어떻게 그들에게 괴롭힘당했는가!'라는 제목의 영상으로 정리해 유튜브 채널에 업로드했다. 평소 조회 수가 5~6만 회 정도였던 것과 달리 그 영상의 조회 수는 150만 회를 넘어서며 각종 해외 언론사를 통해 보도되기까지 했다. 이는 말레이시아항공에게 재앙이나 마찬가지였다. 사태가 끝없이 확산되며 잦아들 기미를 보이지 않자 항공사 측은 끈질기게 환불 처리를 종용했다. 이에 조쉬는 환불 대신 그 돈을 말레이시아의 자선단체에 기부해줄 것을 요구했다. 그러나 몇 달 후 자선단체에 확인해본 그는 항공사가 기부금을 전달하지 않았음을 알게 됐다. 조쉬는 유튜브에 '충격! 말레이시아항공이 내 환불금을 기부하지 않았다!'라는 제목의 영상을 올려 후속 폭로를 이어갔다. 그의 배려에도 불구하고 말레이시아항공은 이미지 회복의 마지막 기회를 놓치고 만 것이다. 이 일련의 사태를 단순히 항공사가 문제 상황에 잘못 대처한 사례로 볼 수도 있다. 하지만 이 사건은 항공사가 여전히 인플루언서를 다루는 법을 잘 모르고 있고, 알려고 노력하지도 않는다는 사실을 단적으로 보여준다.

인플루언서의 영향력은 양날의 검과 같다

몇몇 항공사나 호텔은 카메라를 든 인플루언서들을 거북해하며 무조건 적대시하기도 한다. 그들에게 인플루언서는 미디어를 무기 삼아 영향력을 행사하며 업계의 질서를 흐트러뜨리는 존재다. 그런데 과연 그럴까? 찬찬히 들여다보면 오히려 인플루언서와의 협업으로 매출을 증대시키고 젊은 소비자들에게 긍정적인 브랜드를 이미지를 각인시킨 경우가 적지 않다. 터키항공의 사례를 살펴보자. 지난 2017년 터키항공은 오랜 내전으로 인해 심각한 식량난을 겪는 소말리아를 위해 힘쓰고 있는 어느 인플루언서를 발견했다. 바로 프랑스 출신 인플루언서인 제롬 자르Jérôme Jarre였는데, 당시 그는 대량의 물자를 수송하는 데 어려움을 겪고 있었다. 그래서 자신의 트위터에 관련 내용을 담은 영상을 올리며 소말리아행 노선을 운항하는 유일한 국제항공사인 터키항공에 도움을 청했다. 이에 터키항공은 기꺼이 나서기로 결정했다. 제롬이 영상과 함께 올린 '#TurkishAirlinesHelpSomalia(터키항공이 소말리아를 돕는다)'라는 해시태그가 SNS를 통해 빠르게 전파되면서 이는 자연스럽게 인플루언서 캠페인으로 이어졌다. 급기야 유튜브 인플루언서계의 대부 격인 케이시 네이스탯Casey Neistat과 할리우드 영화배우 벤 스틸러Ben Stiller가 이 캠페인에 동참하기에 이르렀고, 제롬은 24시간 만에 100만 달러의 기부금을 모을 수 있었다. 이 기부금으로 터키항공은 소말리아에 200톤가량의 구호 식량을 수송했으며 그 결과 인도주의에 앞장선 항공사라는 긍정적 브랜드 이미지를 얻게 됐다.

이처럼 인플루언서를 어떻게 관리하고 활용하느냐에 따라 기업이 거둘 수 있는 효과는 극대화될 수도 있고 최악이 될 수도 있다. **분명한 사실은 현재 디지털 인플루언서가 가진 영향력은 매우 강력할뿐더러 실시간으로 전파된다는 것이다.** 조쉬는 잘못된 서비스를 직원에게 항의하는 데 그치지 않고 기내 인터넷망을 이용해 자신의 상황을 알렸으며, 이어서 유튜브를 통해 공개적으로 항공사의 행동을 지적했다. 제롬의 인플루언서 캠페인은 수만 명의 적극적인 참여(기부)를 이끌어내기까지 24시간도 채 걸리지 않았다. 게다가 인플루언서의 영향력은 단발성에 그치지 않고 지속적으로 누적된다는 점도 잊지 말아야 한다.

나 역시 서비스에 문제가 있었던 호텔에 공개적으로 컴플레인을 제기한 적이 있다. 당시 내가 선택한 방법은 트립어드바이저에 리뷰를 쓰고 호텔의 서비스에 합당한 별점을 매기는 것이었다. 2000년 미국에서 만들어진 트립어드바이저는 현재 50여 개국의 사용자들이 여행 후기를 공유하는 세계 최대 규모의 커뮤니티로, 가짜 리뷰를 철저히 모니터링해 높은 공정성으로도 이름이 높다. 구글 자동 번역 기능이 있어 어떤 언어를 사용하든 리뷰를 쓰고 읽을 수 있는 트립어드바이저에 누적된 여행자 리뷰와 평가는 4억 개에 달한다. 이를 바탕으로 매년 진행되는 트래블러스 초이스 어워즈Travelers' Choice Awards는 호텔 선택의 지표로써 정확도가 매우 높은 것으로 이름나 있다. 호텔 측이 리뷰 내용에 관여할 수 있는 방법이라고는 해당 리뷰에 호텔의 의견을 댓글로 덧붙이는 정도뿐이라 높은 신뢰도를 자랑하기도 한다. 게다가 인플루언서가 아닌 일반 여행자들도 얼마든지 트립어드바이저에 리뷰를 남길 수 있으니 전 세계의 많은 호텔이 트립어드바이저의 리뷰를 예의 주시하는 것은 당연한 일이다.

1장과 2장에서 여행 산업의 주체인 항공사와 호텔, 여행 서비스의 최근 동향을 다뤘다면 3장에서는 여행 소비의 주체인 '여행자'에 대해 이야기해보려 한다. 일상적으로 소셜미디어를 사용하고 소비하는 요즘, 여행 콘텐츠를 생산하는 인플루언서가 다른 여행자들에게 미치는 영향력은 그 어느 때보다 막강하다. 이미 10여 년 전부터 국제 여행 업계는 인플루언서를 새로운 미디어로 간주하고 이들에게 지속적인 취재 지원과 협력을 아끼지 않고 있다. 이어서 여행 인플루언서로서 내가 직접 참여했던 전 세계의 관광 마케팅 사례를 본격적으로 소개하며 오늘날의 여행 업계가 어떤 시도를 하는 중인지, 여행 소비자를 어떻게 바라보고 있는지 생생하게 전하고자 한다.

자유여행자를 얻는 자가 중국 여행 업계를 지배한다

>

지난 2019년 3월 12일, 마펑워蚂蜂窝의 미디어 컨퍼런스가 서울 을지로에서 열렸다. 누적 7억 회 이상의 다운로드 수를 기록한 마펑워는 올해로 창업 13년 차를 맞은 중국의 대표 여행 서비스다. 중국의 해외여행 소비자 1억 5,000만 명 중 주로 20~30대 여성 개별 여행객이 마펑워를 사용한다. 특히 마펑워 전체 사용자의 75%가 대졸 이상의 고학력자이며, 62%가 여성이라는 점이 눈에 띈다. 구매력이 있는 중국의 20~30대 자유여행자 중 대부분이 마펑워를 사용하다는 말과 같기 때문이다. 우리나라에서는 마펑워가 중국판 트립어드바이저쯤으로만 알려져 있으나, 직접 뜯어본 마펑워는 트립어드바이저와는 상당히 달랐다.

연예인처럼 양성되는 중국의 여행 인플루언서

기본적으로 여행자가 여행을 떠나기 전에 참고하고 여행 후에 리뷰를 남기는 서비스라는 점에서 마펑워와 트립어드바이저는 유사하다. 하지만 마펑워는 스스로 콘텐츠를 제작하고 유통한다. 트립어드바이저는 사용자의 자발적인 리뷰 데이터에 의존하기 때문에 그들의 작성 동기를 이끌어내는 것이 중요하다. 그래서 리뷰어의 전문성을 여러 레벨로 나누는 등 장치들을 갖췄다. 반면 마펑워의 경우 표면적으로는 자발적 여행 리뷰를 핵심 가치로 내세우지만, 실제로 들여다보면 이 서비스의 진짜 강점은 서비스 내에서만 유통되는 자체 제작 콘텐츠라는 것을 알 수 있다. 마펑워는 '달인'이라 불리는 소속 인플루언서를 직접 육성한다. 특정 국가의 관광청이 이들의 촬영을 후원하고, 전문 촬영팀이 제작한 세련된 여행 영상 콘텐츠를 마펑워 사용자에게 노출시켜 해당 국가로의 여행을 촉진하는 구조다. 중국의 여행 인플루언서는 연예인처럼 양성되고 관리되는 셈이다. 마펑워를 통해 마케팅을 하는 세계 각국의 관광청과 항공사, 호텔의 입장에서 볼 때 이런 시스템은 무척 편리하다. 잠재 고객과 인플루언서가 한곳에 모여 있기 때문이다. 실제로 컨퍼런스에서 마펑워는 한국의 기업 관계자에게 이 점을 집중적으로 어필했다. 심지어 달인 중 한 명이 연단에 올라 지금까지의 활동 상황을 설명하기도 했다.

자신을 '칭칭'이라 소개한 그녀가 들려준 이야기는 놀라움의 연속이었다. 웨이보에 250만 명의 팬을 보유한 그녀는 지난 7~8년간 마펑워의 달인으로 활동하면서 40개국 300개 도시를 여행했으며, 그 여행의 대부분은 관광청과 면세점 등으로부터 후원을 받아 다녀온 것이라고 한다. 칭칭의 본업은 사진작가인데, 그녀는 이 점을 살려 여행지에서 소위 '인스타그램 명소'가 될 만한 곳을 찾아 매력적으로 소개하는 일을 맡아왔다. 이렇게 인플루언서 개인의 매력과 장점을 반영한 콘텐츠가 마펑워의 가장 큰 차별점이다. 기존의 OTA는 여행 상품을 진열해놓고 소비자가 검색해서 구매하는, 일종의 쇼핑몰 형태였다. 이와는 달리 마펑워는 트립어드바이저처럼 사용자가 게시판에 콘텐츠를 자유롭게 공유하면서 만들어진 포럼forum 형태의 서비스다. 즉, 콘텐츠로 먼저 사용자를 불러 모은 다음 구매가 이뤄지게 만드는 구조를 가지고 있다. 이것이 바로 마펑워가 인플루언서 육성에 공을 들이는 이유다.

마펑워를 비롯한 중국 여행 서비스의 큰 성공 뒤에는 자유여행자의 급속한 성장이 있다. 중국의 해외여행자는 2020년을 기점으로 2억 명을 넘어설 것으로 보이며, 그로부터 10년 뒤에는 무려 3억 9,000만 명에 이를 것으로 전망된다.2 중국에서 해외여행은 아직 모든 이들에게 가능한 일이 아니다. 현재 전체 중국인의 약 7%만이 여권을 소지한 것으로 알려져 있다. 하지만 최근 중국에서 여행사를 거치지 않고 스스로 여행을 계획하는 자유여행이 해외여행의 대세로 자리 잡아가고 있다는 사실에 주목해야 한다. 지난 2017년, 중국의 해외여행자 1억 2,800만 명 중 절반이 넘는 53%가 자유여행을 택했다.3 이러한 중국의 해외여행 문화를 견인하는 것은 외국어와 모바일 사용에 능숙한 1980~90년생 젊은이들이다. 이들의 여행 트렌드는 미디어의 영향을 크게 받는다. 마펑워가 꼽은 2019년 중국인 자유여행자들의 주요 특징은 영화나 드라마에 등장한 배경 장소를 찾아가는 이른바 '성지순례 여행'을 즐기고, 왕홍网红(중국에서 온라인 셀러브리티를 일컫는 말)이 갔던 럭셔리 카페나 캐릭터 카페에 가서 인증샷을 찍는 여행을 선호한다는 것이었다.

지금의 중국인 여행자는 가이드북에 나오는 관광 명소를 중심으로 여행하지 않는다. 그들이 찾는 것은 심층 체험이다. 예전에는 목적지에 '도착'하는 것이 여행의 목적이었다면 이제는 자신의 취미 생활을 외국에서 즐긴다는 '과시'가 새로운 여행의 목적으로 부상하고 있다. 캠핑이나 서핑, 스카이다이빙과 같은 아웃도어 액티비티가 이에 해당한다. 또한 젊은 여행자들은 자신의 경험을 과시하는 것에서 멈추지 않고, 그 경험의 좋고 나쁨을 주위에 적극적으로 알린다. 마펑워에서는 나와 친구로 맺어진 사용자가 아닌 사람의 여행 선호도도 확인할 수 있다. 그만큼 서로가 서로의 여행지나 취향을 쉽게 알고 알릴 수 있는 구조라는 뜻이다. 그러니 마펑워가 직접 인플루언서를 만들고 관리하는 것은

'영향력' 관리를 위해서라도 꼭 필요한 수순이다. 그런데 이러한 서비스의 특징이 약점으로 작용하기도 한다. 지난 2018년 10월에 중국의 빅데이터 업체가 마펑워에 등록된 리뷰와 댓글 중 상당수가 조작되거나 표절된 거짓 콘텐츠라고 폭로했다. 이는 폐쇄적인 플랫폼의 한계와 신뢰도 관리의 어려움을 보여준다. 물론 마펑워 측은 해당 보도에는 근거가 없으며 표절 리뷰는 극소수에 불과하다고 해명했지만 말이다.

진화하는 중국의 자유여행 시장

중국은 소비자와 인플루언서가 마펑워와 같은 몇몇 서비스에 집중되어 있어 언뜻 보면 자유여행 소비자가 흩어져 있는 한국에 비해 진입이 쉽고 만만해 보일 수 있다. **아직까지는 중국의 여행자 중 대다수가 인위적으로 만들어진 여행 콘텐츠를 수동적으로 소비하고 있을지 몰라도, 자유여행 시장이 고도화되고 해외 체류 경험치가 늘어나면 플랫폼에서 벗어나 스스로 여행을 설계하는 단계로 넘어갈 것이다.** 그렇게 되면 자유여행자의 유의미한 데이터를 확보하고 이들의 주머니를 공략하는 일은 점점 어려워진다. 오죽하면 중국 최고의 여행 서비스인 마펑워조차도 '자유여행자를 얻는 자가 천하를 얻는다'라고 말했을까. 중국 여행 시장의 미래를 잘 보여주는 것이 바로 지금 한국의 자유여행이다. 현재 한국의 해외여행 시장에는 뚜렷한 주도자가 없다. 게다가 과거 여행업을 이끌었던 주류 여행사들은 시장의 변화에 제대로 대응하지 못하고 있다. 필요한 모든 정보를 스스로 완벽하게 찾아내는 한국의 젊은 여행자들은 획일적인 플랫폼을 거치지 않고 능동적으로 여행을 설계한다. 그러니 이들의 소비구조나 행태를 파악하기란 쉽지 않다. 나아가 한국의 여행자들은 삶과 여행 사이에 경계선을 긋지 않는 노마드적인 가치관을 향해 진화하는 중이다. 기존 여행 업계가 관리해온 영역 바깥에 놓인 소비자가 늘어난다는 뜻이다. 이 지점은 에어비앤비의 성공과도 밀접한 관련이 있다.

1980~90년대에 태어나 해외에서 교육을 받은 중국의 엘리트 세대는 점차 폐쇄적인 중국식 플랫폼에서 벗어나려고 할 것이다. 이러한 변화를 잘 보여주는 사례가 있다. 에어비앤비로 세계를 여행한 이야기를 책으로 출간하고 수십만 명의 팬을 보유한 중국인 여행작가, 첸유Chenyu다. 그녀는 중국의 작은 마을에서 태어나 고교생 때 홀로 미국 유학길에 올랐고 미국 스탠퍼드대학과 영국 옥스퍼드대학을 거쳐 우버 본사와 모건스탠리에서 일한 재원이다. 공유 경제 분야에서 일했던 그녀는 자연스럽게 에어비앤비에 매력을 느꼈다. 그래서 1년간 에어비앤비만 이용해 세계를 여행했고, 그 이야기를 담은 그녀의 첫 책《에어비앤비에서의 365일》은 중국에서 100만 부 가까이 팔렸다. 이후 중국뿐만 아니라 전 세계를 돌며 100여 차례 강연을 하는 등 화제의 인물로 등극한 첸유는 승승장구의 길을 포기하고 디지털 노마드의 삶을

택했다. 그 결과물로 두 번째 책과 6분짜리 다큐멘터리 〈606일간 집 없이 살아보기〉를 공개하며 새로운 삶의 방식을 선보이기도 했다. 그녀가 직접적으로 영감을 전하고자 하는 청중은 다름 아닌 중국의 젊은이들이다.

지금도 첸유는 에어비앤비를 이용해 세계를 계속 여행하고 있다. 트위터에 '#100AirbnbExperiences'라는 해시태그를 달아 자신의 여행을 생중계하는 그녀가 세상에 던지는 메시지는 명료하다. 여행이란, 세상에는 우리가 아는 것보다 훨씬 다양한 삶의 방식이 존재한다는 것을 '현지인과 만나' 배우는 거대한 학교와 같다는 것이다. 또한 그 과정에서 진짜 나다운 삶이 무엇인지를 찾는 것이 여행의 진정한 가치라고 전한다. 중국에서 고전하고 있는 에어비앤비를 자신의 여행 동반자로 내세우고 중국에서는 접속할 수 없는 트위터를 메인 채널로 활용하는 것만 봐도, 중국인으로서 그녀가 무엇을 말하고 싶은지를 잘 알 수 있다. 첸유와 같은 라이프스타일 선도자는 앞으로도 끊임없이 출현할 것이다. 그리고 중국에서도 여행의 개념이 무언가를 보거나 먹는 단순한 체험이 아닌, 보다 복합적이고 정신적인 개념으로 확장될 것으로 예상된다.

이러한 변화는 여행 마케팅의 핵심으로 떠오른 KOL의 급부상에서도 엿볼 수 있다. KOL은 'Key Opinion Leaders'의 약자로, 왕홍이 온라인 셀러브리티라면 KOL은 구체적인 콘텐츠를 만드

> ILTM China 2019의 오프닝 포럼에 출연한 4명의 KOL. 여행, 패션, 모험 등 각자의 전문 분야가 있다.

는 인플루언서를 말한다. 남들보다 빠르게 새로운 것을 경험하고 이를 블로그에 올리는 사람들, 한국의 여행 블로거나 여행 유튜버와 비슷한 개별 콘텐츠 제작자들이 지금의 중국 자유여행자에게 영향력을 발휘하기 시작한 것이다.

2019년 10월에 중국 상하이에서 열린 럭셔리 여행 행사 'ILTM International Luxury Travel Market China'의 오프닝 포럼에서 4명의 KOL을 만날 수 있었다. 이들은 유명세를 이용하는 왕홍과 자신들은 완전히 다르며, 여행 업계가 KOL과 협업하고 싶다면 각 인플루언서가 가진 분야별 전문성에 주목해야 한다고 강조했다.

더불어 가장 좋아하는 여행지를 묻는 질문에는 '내가 몰랐던 나를 발견하게 해주는 도시'를 언급하며 유럽의 몇몇 도시에서 경험한 럭셔리 호텔이나 액티비티를 꼽았다. 이미 이들에게 여행은 무언가를 보기 위한 것이 아니라 개인적이고 감정적인 욕구를 만족시켜주는 행위다. 중국인의 자유여행을 기존 여행 산업의 틀 안에서 설명할 수 있는 시간도 얼마 남지 않았다.

메리어트가 '호텔 덕후' 모임을 후원하는 이유는?

>

2017년 11월, 메리어트 인터내셔널이 메인 스폰서로 나선 여행 컨퍼런스 '프리퀀트 트래블러 유니버시티Frequent Traveler University'가 성황리에 막을 내렸다. 미국 시카고에서 처음 열린 이 행사는 호텔과 항공계의 '덕후'로 알려진 이들이 강사로 총출동해서 항공 마일리지와 호텔 포인트를 신용카드 혜택과 연계하여 모으는 법을 알려주는 여행 세미나다. 이듬해인 2018년에 이 컨퍼런스는 시애틀와 뉴욕 등 미국의 주요 도시들은 물론, 호주의 시드니와 브리즈번, 영국의 런던에서도 연이어 개최되며 큰 호응을 얻었다. 한국에서는 '꿀수'라고 부르며 '어둠의 경로'를 통해 일부 커뮤니티에서만 은밀히 공유되는 고급 정보를 대놓고 가르쳐 주는 행사를 호텔과 항공사가 적극적으로 후원하는 현상은 어찌 보면 이율배반적이다. 호텔과 항공사 입장에서 '탑승과 숙박 없이' 마일리지와 포인트를 모으는 것은 손해라고 볼 수 있기 때문이다. 그러나 기업은 절대로 밑지는 장사를 하지 않는다는 것을 잊지 말자.

호텔 업계에서 커져가는 로열티 프로그램의 중요성

호텔의 로열티loyalty 프로그램이란 숙박 횟수에 따라 포인트를 적립해주는 멤버십 제도로, 보통 각 호텔의 공식 웹사이트에 회원으로 가입을 할 경우 그 호텔의 로열티 프로그램에도 자동으로 등록된다. 호텔 멤버십의 등급은 세밀하게 나뉘어 있고 적립된 포인트의 양에 따라 일반-실버-골드-다이아몬드와 같은 식으로 상향 조정된다. 등급에 따른 혜택은 웰컴 기프트, 객실 등급 업그레이드, 무료 숙박권, 여행 체험 프로그램 예약, 항공 마일리지 교환 등 무척 다양한 편이다. 그래서 한번 로열티 세계에 입문하면 다음 등급에게 주어지는 호화로운 혜택을 누리기 위해서라도 충성도가 높아질 수밖에 없다. 실제로 제이디파워 사가 발표한 2017년 호텔 로열티 만족도 순위에서 '메리어트 리워드(본보이의 이전 명칭)'는 '월드 오브 하얏트', '힐튼 아너스'와 같은 강력한 경쟁자를 제치고 1위를 차지했다.[4] 메리어트의 멤버십 포인트는 타 호텔의 것에 비해 가용성이 뛰어나고 숙박 외에도 다양한 소셜미디어 이벤트에 참여해 포인트를 쌓을 수 있어 충성도가 높기 때문이다. 만약 메리어트가 20~30대를 주축으로 구성된 '호텔 덕후'들에게 차별화된 맞춤형 혜택을 제공한다면 그들을 평생 고객으로 확보할 수도 있는 것이다. 날이 갈수록 가격경쟁이 심해지는 데다 OTA의 공습으로 충성 고객 확보가 쉽지 않은 호텔 업계에서, 로열티 프로그램이 차지하는 중요성은 점차 커지고 있다.

2016년 스타우드와의 합병으로 메리어트 인터내셔널은 131개 국가에 총 7,000개 이상의 호텔을 보유한 세계에서 가장 큰 호텔 그룹으로 발돋움했다. 특히 스타우드의 쉐라톤, 르 메르디앙 등 유명 브랜드가 대거 들어오면서 총 30개의 호텔 브랜드를 보유하게 됐다. 그 과정에서 충성도가 남달랐던 스타우드의 멤버십 가입자를 아우르는 동시에 메리어트의 기존 고객까지 만족시킬 수 있는 새로운 리워드 프로그램이 필요해졌다. 2019년 1월에 메리어트가 새로운 로열티 프로그램인 '본보이Bonvoy'를 론칭한 것이 바로 이러한 이유에서다. 그런데 메리어트가 본보이를 대대적으로 마케팅하는 이유로 추측되는 것이 하나 더 있다. 에어비앤비를 위시한 주택 단기 렌털 사업에서도 우위를 점하기 위해서라는 것이다. 메리어트는 2019년 4월 '홈 앤드 빌라 바이 메리어트 인터내셔널Homes&Villas by Marriott International'을 론칭하고 100개 여행지에서 약 2,000개의 주택 렌털 서비스를 시작했다. 여기서 메리어트는 '우리의 주택은 완벽하게 합법이며, 호텔과 동일하게

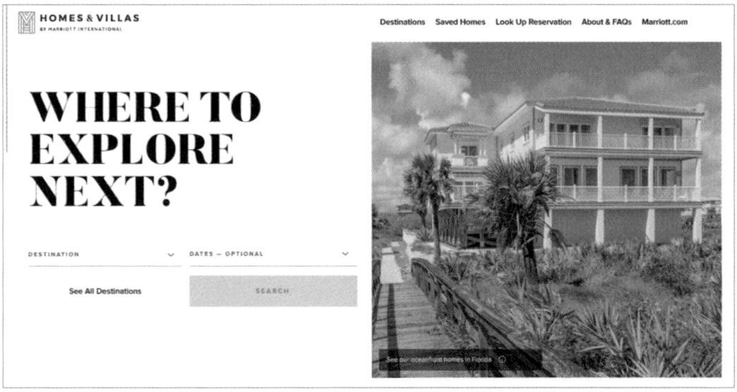

출처: 홈 앤드 빌라 바이 메리어트 인터내셔널

> 2019년 메리어트 인터내셔널이 새롭게 론칭한 주택 렌털 서비스, 홈 앤드 빌라 바이 메리어트 인터내셔널. 본보이 포인트를 적립하고 사용할 수 있다는 점을 내세워 기존 고객들에게 어필한다.

균일한 품질의 서비스를 제공한다. 또한 주택 렌털 시에 본보이 포인트를 적립하고 사용할 수 있다'는 점을 차별화 포인트로 내세운다. 에어비앤비가 호스트와 게스트의 상호 후기를 통해 단지 평판을 누적하는 데 그치는 반면, 메리어트는 기존의 강력한 로열티 프로그램을 통한 실질적인 혜택으로 호텔 소비자를 붙잡으려는 것이다.

원래 로열티 프로그램은 체인 호텔의 주요 타깃인 출장 여행자를 위한 제도다. 레저 고객은 연 단위로 드물게 호텔을 찾지만, 출장 고객은 주기적으로 호텔을 이용한다. 때문에 클럽 라운지의 출입 권한, 프라이빗 체크인 등 로열티 프로그램의 많은 혜택은 비즈니스 편의성에 최적화되어 있다. 기업에서 강의를 하며 호텔 멤버십에 관해 질문했을 때 힐튼이나 메리어트의 멤버십을 사용한다고 답하는 직장인들 중 대부분이 직무 특성상 출장을 많이 다니는 이들이었다. 여기서 짚어볼 현상이 있다. 최근 해외 매체에서 눈여겨보고 있는 여행 트렌드 중 하나인 '블레저bleisure(비즈니스와 레저를 함께 즐기는 것)'다. 미국의 여행 전문지《트래블 위클리》가 보도한 힐튼 호텔 앤드 리조트의 자체 조사 결과에 따르면, 25~35세 출장 여행자의 70%가 레저를 위해 출장 일정을 연장했다고 한다.[5] 이는 비즈니스 여행 경험이 개인 여행에도 영향을 미친다는 것을 보여준다. **지금까지 로열티 프로그램은 출장자의 전유물이었으나 여행 경험이 누적되면서 레저 여행자도 더 나은 리워드를 제공하는 호텔을 적극적으로 탐색하게 될 것임을 짐작할 수 있는 대목이다.**

한국 호텔들, '로열티 선점'에 나서다

한국의 호텔 이용자 중 로열티를 적극적으로 활용하는 스마트 소비자들을 관찰해보면, 해외 호텔에서 쌓은 로열티를 유지하거나 업그레이드하기 위해(즉, 포인트를 얻기 위해) 국내에서 호텔을 이용할 때도 같은 브랜드 계열의 호텔을 선택하는 경향을 보인다. 이처럼 한번 자리 잡은 고객의 로열티는 쉽게 흔들리지 않는다. 호텔이나 항공사가 브랜드 로열티 관리에 소홀할 경우 장기적 관점에서 충성도 높은 고객을 확보할 기회를 잃을 위험이 있다. 따라서 글로벌 체인 호텔이라면 앞으로 각 브랜드의 매력을 차별화하기 위한 프로모션이나 로열티 관련 홍보를 좀 더 강화해야 한다. 어느 공기업의 임직원 교육을 위해 경기도에 위치한 아코르 그룹 계열의 한 호텔에 방문한 적이 있다. 그런데 여행 관련 강의가 열린다는 것을 알게 된 호텔 측이 아코르의 공식 애플리케이션을 홍보해달라며 강의용 노트북에 안내 자료를 준비해 놓아서 꽤 놀랐다. 사드의 여파로 촉발된 불황이 수년째 장기화되고 있는 가운데 국내 호텔 업계가 비로소 글로벌 멤버십의 중요성을 깨닫고 로열티를 가진 내수 고객을 붙잡기 위해 분주하게 움직이고 있음을 엿볼 수 있었다.

하지만 국내에서 운영 중인 글로벌 체인 호텔은 한국인 고객을 위한 브랜드 마케팅에는 그다지 큰 관심을 보이지 않는다. 각 호텔의 공식 웹사이트에 들어가보면 로열티 프로그램 안내는 찾기 어려울 만큼 무성의하게 처리되어 있다. 체크인을 할 때도 멤버십 가입 양식이나 애플리케이션 다운로드를 간단히 안내해주는 게 전부다. 직원들도 글로벌 멤버십에 대해서는 자세히 알지 못하거나 이를 굳이 강조하려 하지 않는다. **한국의 글로벌 체인 호텔은 소유와 운영이 분리되어 있는 경우가 많아 글로벌 멤버십과는 별도로 내수 고객용 유료 멤버십을 운영하는 곳이 많다. 그렇다 보니 눈에 보이는 매출과 직결되지 않는 글로벌 리워드 프로그램을 특별히 알려야 할 필요를 느끼지 못하는 것이다.** 소비자가 호텔 예약에서 손해를 보고 싶지 않다면 알아서 공부하는 수밖에 없다. 만약 매번 OTA를 통해 체인 호텔을 예약한다면 호텔의 공식 웹사이트를 통한 예약이 아니므로 해당 숙박은 로열티 프로그램에 포함되지 않는다. 때문에 자신의 호텔 로열티 등급을 높이기 어렵다. 반대로 하나의 호텔 브랜드에만 충성하면 호텔 선택의 폭이 좁아지는 단점이 있다. 어느 쪽이든 장단점이 있기 때문에 나는 둘 다 활용해야 한다고 본다.

누군가는 브랜드 세일 기간에 맞춰 호텔 웹사이트에서 저렴하게 객실을 구입할 때, 다른 누군가는 습관적으로 OTA를 통해 몇만 원 더 비싼 가격에 같은 객실을 예약한다. 누군가는 높은 로열티 등급 덕분에 공짜 조식과 객실 업그레이드를 받을 때, 또 다른 누군가는 조식을 제외하고 예약함으로써 객실비를 아꼈다며 위안 삼는다. 이 글을 읽는 당신은 어느 쪽 소비자에 속하는가? 당신은 지금 몇 가지의 로열티 프로그램에 가입되어 있는가? 스마트 여행자는 같은 예산으로 보다 쾌적하고 멋진 곳에서 머물며 여행하고 싶어 한다. 어떤 호텔이 얼마나 더 빠르고 현명하게 움직여 더 많은 고객을 차지하게 될지 지금부터 주의 깊게 지켜볼 일이다.

전 세계 국가들은 어떻게 여행자를 불러 모을까?

- 여행 업계의 데스티네이션 마케팅

>

외국 관광청의 TV 광고를 보면 자국을 한 문장으로 압축하여 표현한 슬로건이 두드러진다. 예를 들면 '인크레더블 인디아Incredible India', '어메이징 타일랜드Amazing Thailand', '트룰리 아시아, 말레이시아Truly Asia, Malaysia' 같은 것들이다. 참고로 현재 대한민국의 대외 관광 슬로건은 '이매진 유어 코리아Imagine Your Korea'다. 이러한 관광 슬로건은 모두 자국의 데스티네이션 마케팅 전략을 가장 효과적으로 반영해 만들어진다. 데스티네이션 마케팅이란 관광객을 증가시키기 위해 국가나 도시, 마을 단위로 해당 지역을 홍보하는 일련의 관광 마케팅을 의미한다. 오랜 세월 동안 세계 각국의 관광 마케팅은 전통적인 관광 명소를 자국의 시선에서 일방적으로 알리는 일에 집중해왔다. 하지만 앞서 살펴본 것처럼 최근 소비 트렌드를 주도하는 밀레니얼 세대의 여행 패턴이 수동적 관광에서 능동적 체험으로 옮겨가면서 여행 업계의 데스티네이션 마케팅 전략 역시 다양한 변화를 맞이하고 있다.

관광 마케팅에서도 놓칠 수 없는 이름, 밀레니얼

데스티네이션 마케팅 분야에서 중요한 변화가 일어나고 있는 요소들 중 첫 번째는 주력 소비자 타깃이다. 2018년 하와이 관광청은 새로운 캠페인 '하와이에서 일해 보세요Work from Hawaii'를 시작했다. 이 캠페인은 미국 뉴욕에 거주하는 여러 직군의 전문가를 대상으로 하와이에서의 리모트 워크remote work(원격 근무)를 희망하는 이를 선발하여 비용과 공간을 지원하는 이벤트다. 예술가나 작가와 같은 크리에이터, IT 개발자, 디자이너 등 특정 직군 종사자를 선발해 하와이의 6개 섬에 1명씩 보내고, 일과 여행을 모두 할 수 있는 숙소 및 로컬 체험 프로그램을 일주일간 지원했다. 오래도록 휴양과 쇼핑 여행지의 대표 주자로서 굳건한 자리를 지켰던 하와이가 왜 생산적 여행을 추구하는 디지털 노마드들에게로 눈길을 돌렸을까? 비수기 없이 연중 내내 관광업의 호황을 누려온 하와이마저도 변화하지 않으면 도태되기 마련임을 깨달은 것이다.

두 번째 변화는 미디어에서 일어났다. 소비자 타깃이 달라지면서 자연히 주력 매체도 달라진 것이다. 과거 데스티네이션의 주력 매체는 올드미디어로 불리는 전통적인 매체, 즉 TV와 신문, 잡지 등이었다. 하지만 지금의 20~40대 여행 소비자는 모바일 기반의 뉴미디어에서 정보를 얻는다. **따라서 소셜미디어, 그중에서도 유튜브에 최적화된 데스티네이션 마케팅 전략은 이제 선택이 아닌 필수다.**

최근 인기 관광지로 급부상하고 있는 아이슬란드는 '아이슬란드에서 영감을 얻으세요Inspired by Iceland'라는 슬로건과 함께 흥미로운 캠페인을 연이어 내놓고 있다. 특히 '세상에서 가장 힘든 가라오케 노래에 도전하면 아이슬란드에 보내드립니다'라는 캠페인은 아이슬란드의 기발한 뉴미디어 전략을 보여준다. 이 캠페인 영상에는 아이슬란드의 코미디언이 출연해 세계에서 100만 명만

출처: 아이슬란드 관광청 유튜브

> 아이슬란드 관광청이 유튜브에 올린 '세상에서 가장 어려운 가라오케 노래' 영상. 아이슬란드어가 지닌 특징을 유머러스하게 풀어냈다.

사용하는 희귀한 언어인 아이슬란드어의 독창성을 노래로 만들어 유머러스하게 연출했다. 이 영상은 유튜브에서 무려 850만 회의 조회 수를 기록하며 큰 화제가 됐다. 배우기 어렵기로 악명 높은 아이슬란드어에는 무려 34자의 알파벳이 사용된다는 TMI Too Much Information가 전 세계에 널리 알려진 것은 덤이다. 아이슬란드 관광청은 이 노래를 재미나게 따라 한 영상을 올린 사람을 뽑아 아이슬란드 여행 상품을 선물했다.

기나긴 겨울밤도 여행 상품이 되는 시대

세 번째 변화는 여행지의 장점과 단점을 새롭게 정의하려는 시도, 다시 말해 여행지의 전통적인 약점을 역으로 활용해 비수기에도 적극적으로 관광객을 유치하려는 전략이다. 이런 현상은 최근의 데스티네이션 마케팅에서 뚜렷이 나타난다. 나는 지난 2017년 1월 혹한이 찾아온 핀란드에서 이를 직접 경험했다. 매년 1월 초 핀란드의 수도 헬싱키에서는 '럭스 헬싱키 LUX Helsinki'라는 이름의 겨울 축제가 5일 동안 진행되는데, 해가 지고 난 뒤에 열리는 축제라는 점이 독특하다. 축제 기간 동안 모든 공공기관 건물과 관광 명소에는 지역 예술가 및 기업들이 대거 참여해서 만든 조명과 미디어 아트가 설치된다. 럭스 헬싱키를 즐기며 나는 도시 전체가 이 축제를 위해 한마음으로 움직인다는 인상을 받았다. 헬싱키 대성당 앞 광장에 도착하니 손을 대면 불이 켜지는

> 헬싱키의 건축물들과 현대적인 미디어 아트가 절묘하게 어우러진 럭스 헬싱키 축제 현장의 모습.

파이프, 발로 누르면 불이 들어오는 조형물 등 관람객이 참여할 수 있는 체험형 조명 예술품이 곳곳에 아름답게 펼쳐져 있었다. 이후 밝은 대낮에 다시 찾아간 헬싱키 대성당은 오히려 지루하게 느껴질 정도였다. 2009년에 시작된 럭스 헬싱키는 겨울밤이 길다는 지역의 약점을 관광자원으로 재탄생시킨 대표적인 사례로, 2014년을 기점으로 매년 15만 명이 넘는 관광객을 불러들이며 핀란드의 겨울을 대표하는 축제가 됐다.

럭스 헬싱키 관람을 위해 참가했던 가이드 투어에서 스페인 바르셀로나에서 왔다는 부부를 만났다. 이들은 바르셀로나의 축제 기획을 담당하는 공무원으로, 2월에 열릴 예정인 바르셀로나 야간 축제를 준비하기 위해 헬싱키의 사례를 참고하려고 투어에 참여했단다. 나중에 검색해보니 바르셀로나에서도 매년 2월에 '룸 비씨엔Llum BCN'이라는 빛 축제가 열리고 있었다. 해가 진 후 도시 곳곳을 걸어다니며 미디어 아트를 체험하는 형식이 럭스 헬싱키와 꼭 닮은 축제였다. 럭스 헬싱키와 룸 비씨엔 등 겨울 야간 축제들이 비수기에 관광객을 불러모으는 성공적인 사례로 각광받으면서 세계 여러 도시가 이를 도입하기도 했다.

럭스 헬싱키와 비슷한 시기인 2009년부터 해마다 열리고 있는 호주의 '비비드 시드니Vivid Sydney'는 양질의 체험 프로그램과 선명한 도시 브랜딩이 결합해 성공을 거둔 독특한 관광 마케팅 사례다. 호주의 겨울인 5월부터 6월에 걸쳐 3주간 열리는 이 행사에서는 미디어 아트와 대중음악 공연, 각종 강연과 포럼이 함께 열려 많은 사람들이 창의적인 영감과 아이디어를 주고받는다. 비비드 시드니의 성공이 시드니 관광 산업에 미치는 효과는 실로 굉장하다. 2017년 기준 무려 230만 명이 이 축제를 보기 위해 시드니에 방문했다. 이는 호주 관광의 비수기를 무색하게 하는 수치다. 서울에서도 이러한 성공 사례를 벤치마킹해 2019년 12월부터 겨울 빛 축제를 시작했다. 동대문디자인플라자에서 열리는 'DDP 라이트' 축제에서는 건물 외벽을 거대한 스크린 삼아 영상을 투사하는 미디어 파사드media façade 기법을 활용해 서울과 동대문이 가진 다양한 이야기를 표현했다. 추운 겨울과 캄캄한 어둠도 독창적으로 활용하기만 한다면 얼마든지 뛰어난 관광 상품이 될 수 있다는 것이 다시 한번 입증된 셈이다.

1만 5,000명이 지원한 시골 체험

- 태국의 '여섯 가지 감각' 캠페인

2017년 여름, 태국 관광청은 '태국 로컬 경험의 여섯 가지 감각 6 senses of local experience Thailand'이라는 마이크로 웹사이트를 개설하고 전 세계에 새로운 관광 캠페인의 시작을 알렸다. 이 웹사이트에 소개된 여행은 모두 태국의 독특한 전통문화와 라이프스타일 체험에 초점이 맞춰져 있었다. 예를 들어 '청각'을 클릭하면 방콕 인근에서의 전통 악기 체험이, '후각'을 클릭하면 치앙마이에서의 허브 체험이 소개되는 식이다. 게다가 이 웹사이트에서 6개의 감각 중 하나를 선택하여 '내가 이곳을 여행해야 하는 이유'를 서술해 지원하면 선발을 통해 800만 원 상당의 태국 북부 여행을 제공한다는 이벤트도 진행 중이었다. 평소 세계 각국의 관광 정책을 살펴보기 위해 유사한 캠페인을 수없이 접해온 나는 큰 기대 없이 하나를 골라서 영어로 몇 줄을 적은 후 신청 버튼을 눌렀다. 감각별로 1명씩 선발된다니 총 6명 안에 들어야 한다는 건데, 그 주인공이 내가 될 확률은 마치 복권에 당첨될 확률만큼이나 멀게 느껴졌다.

콘셉트부터 여행자까지 철저히 '감각'에 맞추다

나처럼 우연히 이 캠페인을 발견해 재미 삼아 지원해본 여행자가 생각보다 무척 많았던 모양이다. 태국 관광청이 최종 발표한 데이터에 따르면 이 캠페인 웹사이트의 방문자 수는 총 1,500만 명을 기록했으며, 전 세계에서 1만 5,000명이 넘는 사람들이 참가 지원서를 접수했다고 한다. 잘 알려지지 않은 여행지로 공짜 여행을 보내준다는 파격적인 조건과 참신한 여행 콘텐츠가 세계 여행자들의 이목을 끄는 데 성공한 것이다. 관광청은 접수된 신청서를 무작위로 1차 추출한 뒤, 신청 사연을 평가하여 대륙별로 6명의 우승자를 선발하겠다고 전했다. 그렇게 몇 주가 흐르고 내가 그 이벤트에 지원했다는 사실조차 까먹었을 무렵, 무심코 메일함을 열었는데 '축하합니다! 여섯 가지 감각 콘테스트에서 우승했습니다'라는 제목의 메일이 와 있는 것이 아닌가! 그렇게 나는 태국 관광청의 관광 캠페인에 선발된 행운의 6명 중 한 사람이 됐다.

최종 6명은 미주(미국과 멕시코), 유럽(영국과 독일), 아시아(말레

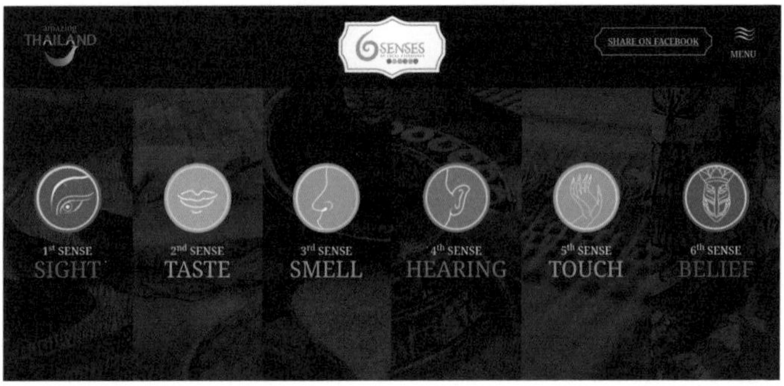

출처: 6senses.campaignserv.com

> 태국 관광청에서 운영한 '태국 로컬 경험의 여섯 가지 감각' 캠페인 웹사이트.

이시아와 한국) 등 각 대륙에서 골고루 뽑혔다. 특히 한국은 태국을 방문하는 아시아 국가 중 톱 5에 드는 중요한 나라이기 때문에 가급적 한국 지원자를 포함하려고 했던 듯하다. 또한 각 감각과 연관된 직업을 가졌거나 전문성을 지닌 지원자를 골랐다는 점이 흥미로웠다. 청각 여행자로 선정된 멕시코인 여성은 소리 치료 전문가였고, 미각 여행자로 선정된 영국의 부부는 런던 인근에서 레스토랑을 운영하고 있었다. 가장 의외의 우승자는 후각 부문에 선정된 내가 아니었을까 싶다. 아마도 해당 감각과의 연관성보다는 내가 적었던 사연에 담긴 여행 관련 경력과 운영 중인 블로그의 전문성이 주효했던 것 같다.

이러한 방식은 지난 10년간 인플루언서 마케팅에만 의존해온 여행 업계가 조금씩 바뀌고 있음을 시사한다. 관광청이 인플루언서의 강력한 파급 효과에 기대면 관광지를 빠르게 홍보할 수 있을지는 모르지만, 그만큼 지속성이 짧다는 걸 경험적으로 학습한 것이다. 여행 인플루언서들은 세계의 수많은 나라와 일하기 때문에 특정한 나라만 계속 홍보해주지 않는다. 그래서 여섯 가지 감각 캠페인에서는 인플루언서가 아닌 일반 여행자를 선발하되, 그들이 가진 분야별 전문성에 주목했다. 요리를 직업으로 하는 외국인이 태국 현지 음식을 요리하게 하고, 요가와 명상을 가르치는 유럽의 전문가에게 불교 문화와 전통 의식을 체험하도록 한 것이다. 관광청은 전문 인력을 고용해서 이 과정을 촬영하고 관광청이 의도하는 그림대로 콘텐츠를 만들어 바이럴 마케팅에 활용하는 방식을 택했다. 이는 그동안 인플루언서에게만 집중했던 여행 업계가 새롭게 도전해볼 만한 방식이다.

지속 가능한 관광을 위한 태국의 전략

태국 정부는 어째서 관광 캠페인에 이렇게 큰 비용과 인력을 투자한 것일까? 일반적으로 여행 산업은 돈을 많이 쓰는 여행자의 비율이 높아야 관광으로 파괴되는 각종 손해를 상쇄할 수 있다. 그렇다고 해서 도시가 수용할 수 있는 것보다 더 많은 여행자가 찾아온다면 베니스나 바르셀로나처럼 심각한 사회문제가 초래된다. 이를 '오버 투어리즘Over-tourism'이라 부른다. 아시아에서 저가 배낭여행자의 비율이 과도하게 높은 여행지가 바로 태국이다.

특히 수도인 방콕은 도시별 외국인 방문자 수가 전 세계에서 가장 많을 만큼 오버 투어리즘이 극심하다. 이로 인한 환경오염과 사회문제가 심화되자 태국 정부는 상대적으로 낙후된 태국 중북부의 러이와 수코타이, 치앙마이 근교를 아우르는 여행 코스를 새롭게 발굴해 관광객을 북쪽으로 분산시키고자 했다. 이를 위해 정부와 민간이 힘을 합쳐 다양한 체험 투어를 기획했고, 이를 효과적으로 알리고자 한 최초의 글로벌 캠페인이 '여섯 가지 감각'이었던 것이다.

농촌과 지방을 살릴 수 있는 미래의 캐시카우로 '체험 관광'에 주목하고 투자하는 이들의 정책 방향은 2016년에 타계한 푸미폰 국왕이 생전에 강력하게 추진했던 지역 경제 정책인 '로열 프로젝트'와도 맞닿아 있다. 이는 각 지역들이 자립할 수 있는 다양한 수익 모델을 개발하고 독려하기 위해 국왕이 이끌어온 오랜 복지 정책의 일환이었다. 관광청 직원들이 체험과 장소를 찾기 위해 모니터링 투어를 다녀와 전체 일정을 설계하는 데만 꼬박 2달이 걸렸다고 하니, 이 캠페인이 국가적으로 얼마나 중요한 프로젝트였는지 짐작할 수 있다.

실제로 여행하는 내내 태국 관광청의 노력이 고스란히 전해졌다. 각자의 여행 코스에 따라 전통 가면과 악기를 만들거나 농기구를 타고 산에 들어가 과일을 땄다. 전통 복장을 입고서 불교 의식에 참여하거나 현지인이 운영하는 홈스테이에 머물며 그 마을

> 이른 아침 태국의 전통 의상을 갖춰 입고 불교 의식에 참여하는 모습. 캠페인에 참여하지 않았더라면 얻을 수 없었을 귀한 경험이었다.

에서 오래전부터 전해져오는 삶의 기술을 배우기도 했다. 미식을 체험하기 위해 맛집에 가는 것이 아니라 태국 식문화의 근간을 이루는 코코넛 농장을 방문해 팜 슈가의 탄생 과정을 경험했다. 쏨땀(태국식 파파야 샐러드)의 양념을 조합하는 방법을 배우고, 북부 고산지대의 소수민족이 운영하는 커피 농장에서 장작불에 끓인 커피를 마시며 그들의 이야기를 들어보기도 했다. **이 모든 경험을 관통하는 하나의 메시지는 바로 '지속 가능한 관광'이다. 태국의**

여섯 가지 감각 캠페인은 어쩔 수 없이 자연을 파괴하게 되는 여행자에게 로컬 문화 및 자연환경과 공존하는 여행이 가능하다는 것을 보여주는 동시에 여행 산업이 나아가야 할 방향을 모범적으로 제시한 여행 캠페인이었다.

죽기 전에 타야 할 초호화 기차 여행

- 인도의 '인디아 블로그 트레인' 캠페인

>

오래전 '인도에서는 기찻길 위에 궁전이 다닌다'는 제목의 뉴스를 보고 눈이 휘둥그레진 적이 있다. 인도의 호화 기차, '팰리스 온 휠즈Palace on Wheels'의 이야기다. 이름대로 궁전처럼 화려한 이 기차의 내부 사진은 한때 국내 언론과 소셜미디어에서 이슈가 되기도 했다. 그러던 2010년, 최신 시설을 갖춘 호화 기차 '마하라자 익스프레스Maharajas' Express'가 등장하면서 전 세계 기차 여행 순위에 변화가 생겼다. 마하라자 익스프레스는 여행 전문 잡지 《콘데 나스트 트래블러》에서 선정하는 '세계 10대 호화 열차'에 매년 이름을 올리는 것은 물론, 전 세계의 럭셔리 여행 관련 상을 모조리 휩쓸면서 인도를 대표하는 관광 기차로 자리 잡았다. 그럼에도 인도에 럭셔리 여행 상품이 있다는 사실은 매우 낯설다.

여행지로서의 인도는 백패커의 전유물이자 배낭여행자의 성지라는 고정관념이 박혀 있기 때문이다. 사실 넓은 대륙 전역을 다니는 기차 노선이 발달한 인도는 이를 활용해 아주 예전부터 세계적인 수준의 기차 여행 상품을 운영해왔다. 그동안 빠른 경제성장을 이루고 관광 산업에 관심을 기울이기 시작하면서 인도는 부가가치가 높은 럭셔리 여행업으로 눈을 돌리고 있다. 기차 사업권을 소유한 인도 정부가 1,300만 달러(한화 약 152억 원)를 들여 마하라자 익스프레스를 추가한 것도 여행 산업의 부흥을 위한 투자의 일환이다.

15 대 1의 경쟁률을 뚫고 인도로 떠난 인플루언서들

2017년 12월, 인도 정부가 럭셔리 기차 여행의 매력을 홍보하기 위해 '인디아 블로그 트레인The India Blog Train'이라는 글로벌 콘테스트를 벌인다는 소식을 듣게 됐다. 해당 캠페인의 웹사이트에 접속한 뒤 자신의 영향력을 소개하고 '내가 이 기차를 타야 하는 이유'를 영어로 설명해 유튜브에 업로드하면 참가 신청이 완료된다. 인도 관광청은 지원자들이 만든 영상을 심사하고 총 60명의 여행 인플루언서를 인도에 초청할 예정이었다. 이들은 네 가지 종류의 호화 기차에 각각 15명씩 탑승해 인도를 누비게 된다. 각 기차와 여행 코스는 모두 저마다의 매력을 지니고 있었지만 나는 마하라자 익스프레스를 가장 타보고 싶었다. 당시 국내 포털 사이트에 마하라자 익스프레스를 검색해보면 영양가 있는 정보가 거의 없었기 때문이다. 대부분 보도자료나 다른 사람의 글을 인용한 것일 뿐, 실제로 취재하거나 체험한 이야기는 단 하나도 없었다. 어차피 전 세계에서 날고 기는 블로거와 유튜버들이 지원할 테니 '설마 내가 될까?' 하는 마음으로, 과감하게 마하라자 익스프레스를 1지망으로 신청했다.

앞서 태국의 여섯 가지 감각 여행은 누구나 지원할 수 있는 캠페인이었지만, 인디안 블로그 트레인은 자국을 대표하는 여행 인플루언서여야만 지원이 가능했다. 그런데도 900명이나 되는 세계의 유명 인플루언서들이 이 '꿈의 기차 여행'에 도전했다. 운이 좋게도 최종 60명의 명단에 내 이름이 있었다. 심지어 마하라자 익스프레스에 배정되기까지 했다. 영미권과 유럽의 인플루언서로 구성된 60명의 참가자 중 한국인이 나뿐인 것은 크게 이상한 일이 아니었지만 세계적으로 유명한 영미권 출신 여행 블로거 몇몇이 탈락했다는 것은 뜻밖이었다. 이는 인도 관광청이 대륙별, 테마(전문성)별로 최대한 다양한 인플루언서들이 모으고자 했음을 의미한다. 전 세계에 인도의 여행 상품을 알리려면 최대한 많은 국적의 미디어가 필요하기 때문에 이는 당연했다. 세계 여행 업계에서 한국은 매우 중요한 시장이지만 글로벌 콘텐츠에 한국인이 지원하는 경우는 아주 드물다. 즉, 내가 뽑힌 것은 나의 경력이 특별해서가 아니라 국가별 할당에 따른 결과였던 셈이다.

그야말로 천운이나 다름없는 기회였다.

마하라자 익스프레스가 포함된 여행 상품은 무척 다양해서 여행자가 자신의 예산과 취향에 맞춰 여행을 선택할 수 있다. 특히 기차의 특성상 숙박과 여행을 함께 하는 상품이기 때문에 객실에 따라 등급과 가격이 천차만별이다. 가장 저렴한 디럭스 캐빈을 기준으로 하면 1일 경비가 800달러이니, 3박 4일 코스의 여행 상품을 구매할 경우 팁 비용까지 포함해 약 3,000달러가 든다. 그렇다면 고급 객실들은 어떨까? 가장 비싼 객실은 1박에 3,000달러이므로 7박 8일짜리 여행 상품을 이용하려면 수만 달러가 필요하다. 내가 다녀온 여행 코스는 '인디언 파노라마'라는 코스로, 7박 8일 동안 인도 북부의 주요 유적지를 돌아보는 일정이었다. 타지마할을 비롯해 인도 북부에 포진한 무굴왕조 유적지 방문 일정이 다수 포함된 것이 특징이다. 나처럼 인도를 처음 경험하는 이에게 가장 적합한 핵심 여행 코스라고 볼 수 있다.

새로운 인도를 보여주기에 가장 적절한 수단, 기차 여행

매일 자고 일어날 때마다 새로운 도시에 도착해 있는 기차 여행은 지금까지 전 세계 호텔들을 누볐던 나의 여행 방식과는 완전히 달랐다. 짧은 시간 안에 대륙을 가로지르며 그 매력을 느낄 수 있어 드넓은 인도를 여행하기에는 최적의 방법이라는 생각이 들었다. 영화 〈오리엔트 특급 살인〉을 연상케 하는, 반들반들한 마호가니 원목으로 만들어진 좁다란 기차 복도에 발을 들이는 순간부터 비현실적인 기분이 들기 시작한다. 마하라자 익스프레스의 내부는 특급 호텔처럼 꾸며져 있고, 두 곳의 레스토랑에서는 매일 아침저녁으로 다른 메뉴의 음식이 준비된다. 달리는 기차 안에서 신선한 빵과 인도식 커리를 먹으며 우아한 아침을 보내는 환상적인 나날이 여행 내내 이어지는 것이다. 게다가 인도의 유적지를 방문할 때 마하라자 익스프레스의 탑승객은 VIP 전용 입구를 이용할 수 있어 줄을 서느라 체력과 시간을 낭비하지 않아도 된다. 흔히 인도 여행이라면 좀 불편할 것이라 생각하는데, 내가 경험한 인도는 너무나 쾌적했다.

흥미로운 사실은 나와 함께 기차에 탑승한 서로 다른 국적의 인플루언서 15명이 모두 20~40대의 젊은 밀레니얼 세대였다는 점이다. 그동안 마하라자 익스프레스의 주요 고객이 영미권의 중·노년층이었다는 것을 고려하면 인도 정부가 이 여행 캠페인을 기획할 때 젊은 여행자를 타깃으로 삼았다는 것을 짐작해볼 수 있다. 인도 관광청은 4개의 기차에 탑승한 인플루언서들이 여행 도중 자신의 SNS에 콘텐츠를 올릴 때마다 이를 관광청 공식 페이스북에 실시간으로 공유하기도 했다. 한국어로 작성한 내 여행기가 200만 명의 팔로워를 보유한 인도 관광청 페이스북에 소개되는 일은 무척 신기한 경험이었다. **이렇듯 인도 관광청이 각국의 젊은 여행자들이 호화 기차 여행을 즐기는 모습을 보여주는 데 적극적인**

출처: 마하라자 익스프레스 공식 블로그

> 특급 호텔과 견주어도 지지 않을 만큼 호화로운 마하라자 익스프레스의 객실과 레스토랑.

이유는 기차 여행이 노년층의 전유물이 아니며 경험을 선호하는 밀레니얼 세대에게도 적합하다는 것을 보여주기 위함이다. 실제로 저마다의 개성과 미모를 앞세우고 완벽한 의상에 값비싼 촬영 장비까지 동원한 여행 인플루언서들은 자신들이 발견한 기차 여행의 매력을 역량껏 홍보했다. 덕분에 인도 관광청은 당초 의도대로 이번 캠페인을 통해 양질의 여행 콘텐츠를 충분히 얻을 수 있었다.

그러나 마하라자 익스프레스를 '여행 상품' 측면에서 평가해본다면 아쉬움이 남는다. 기차에서의 호화로운 숙식은 분명 색달랐지만, 기착지를 관광하는 방식은 한국의 패키지여행과 다를 바 없어 진부했기 때문이다. 관광 시간의 대부분을 가이드만 따라다니며 설명을 듣는 데 소비해야 하는 방식은 더 이상 효용 가치가 없다. 정말로 남의 나라 역사를 매일 2~3시간씩 듣게 하는 것밖에 방법이 없었을까? 차라리 유적지의 정보를 문서나 이메일로 사전에 배포하는 편이 나았을지도 모른다. 유적의 이름과 설명이 있는 지도를 나눠주고 여행자들로 하여금 탐험하듯 돌아다니며 각자의 방식으로 장소를 체험하게 했다면 어땠을까? 여유롭게 촬영하면서 각자의 개성을 양껏 담아 관광지를 표현할 시간이 부족했다는 아쉬움은 나뿐만 아니라 이 여행에 참가한 모든 인플루언서들이 공통적으로 이야기한 지점이었다.

인도 여행에서 돌아온 뒤 나와 같은 기차에 탑승했던 한 호주 블로거가 타지마할과 관련된 역사적 배경, 타지마할의 입장권 구매 방법 등 현장에서 듣지 못했던 정보들을 상세하게 다룬 여행기를 블로그에 올린 것을 보고 깜짝 놀랐다. 지금의 밀레니얼 세대는 스스로 필요한 정보를 얼마든지 찾아내 활용할 수 있다는 사실이 명확히 드러난 것이다. 때문에 여행지에서 아무리 오래 설명을 들어도 큰 쓸모가 없다. 젊은 여행자들의 마음을 사려면 여행지를 소개하는 방식 자체가 달라야 하며, 여행 업계는 바로 이 부분에 주목해 변화를 도모해야 한다.

일주일 동안 헬싱키에서 살아보세요

- 핀란드의 '헬싱키 시크릿' 캠페인

>

"축하합니다! 당신은 2017년 NBE 참가자로 선정됐습니다.
내년 1월, 헬싱키에서 만나요!"

지난 2016년에 내가 핀란드 관광청으로부터 받은 메시지다. 2014년부터 2018년까지 총 5회에 걸쳐 진행된 'NBE Nordic Bloggers' Experience'는 핀란드 관광청이 주최하는 캠페인으로, 전 세계에서 60명의 블로거와 인플루언서를 초청해 핀란드 전역을 여행하게 하는 프로그램이다. 이 캠페인에 선발되면 북유럽 최대 규모의 여행 박람회인 'MATKA 노르딕 트래블 페어 Nordic Travel Fair'에 미디어 자격으로 정식 참가할 수도 있다. 이는 주변의 다른 북유럽 국가들은 물론이고 세계 어느 나라에서도 유례가 없는, 소셜미디어 마케팅에 대한 과감하고 혁신적인 투자다. 당연히 여행 인플루언서라면 누구나 구미가 당길 만한 행사이기도 하다. 내가 신청했던 2016년에도 500명이 넘는 여행 인플루언서들이 지원했고, 나 역시 지원서를 내긴 했으나 큰 기대는 없었다. 그런데 최종 참가자 리스트에 내 이름이 있었다! 더 기쁜 사실은 NBE와 함께 지원했던 헬싱키 시의 관광 캠페인 '헬싱키 시크릿Helsinki Secret'에도 선발됐다는 것이다. 두 프로그램에 동시 선발되면 핀란드에 체류할 수 있는 기간이 그만큼 길어진다. 1월의 핀란드는 혹독한 추위로 유명하지만 나는 망설이지 않고 참가 의사를 밝혔다.

핀란드가 제안하는 '살아보는 여행'

핀란드가 전 세계의 지원자 중에서 나를 택한 이유는 명백하다. NBE와 헬싱키 시크릿을 통해 핀란드가 지닌 '여행지'로서의 매력을 한국 시장에 알리려는 것이다. 핀란드 관광청의 한국 담당자가 본국 보고용으로 작성한 〈2017년 한국 시장 보고서〉에서는 '해외여행 시장이 엄청나게 성장한 한국에서는 북유럽에 대한 관심 또한 급증하고 있다. 그러나 여행사 관계자에 따르면 한국인은 헬싱키를 흥미로운 여행지로 여기지 않는다. 스톡홀름이나 탈린에 가기 위한 당일치기 여행지로만 거쳐간다'고 분석했으며, 그 첫 번째 이유로 한국인의 '짧은 휴가'를 꼽았다.6 한국에서 핀란드를 오가는 데 필요한 비행 시간이 너무 길어 한국인들이 핀란드 여행 상품을 구매하기가 쉽지 않다는 것이다. 이 보고서에서는 한국에서 직항으로 갈 수 있는 북유럽 도시는 헬싱키뿐이라는 점을 강조해야 한다고 진단하기도 했다. 또한 한국의 포털에서 핀란드 관광청 공식 웹사이트인 '비짓 핀란드Visit Finland'를 포함한 핀란드 공식 채널들을 검색하기 어렵다는 점도 지적했다. 지금까지도 핀란드 관광청은 한국어로 된 페이스북 채널조차 운영하지 않고 있다. 핀란드 관계자들도 이렇게 부족한 미디어 노출량이 핀란드를 덜 매력적인 여행지로 보이게 한다는 사실을 잘 알고 있었다. 핀란드 입장에서는 한국에 유통되는 여행 콘텐츠의 양과 질을 늘리는 게 급선무였고, 나는 핀란드의 선진적인 관광 캠페인을 경험할 기회를 얻었으니 서로가 윈윈이었던 셈이다.

NBE 캠페인의 일정이 본격적으로 시작하기 일주일 전쯤 나는 핀에어 항공기에 몸을 실었다. 헬싱키 시크릿 참가자에게 제공되는 숙소에서 생활해보기 위해서였다. 헬싱키 시크릿은 헬싱키시가 전 세계 인플루언서를 대상으로 운영한 프로그램으로, 세계적인 여행 트렌드 중 하나인 '살아보는 여행'을 모토로 설계되어 있다. 이 프로그램에 선발되면 헬싱키 기차역 근처에 있는 쾌적하고 편리한 레지던스 아파트에서 3~6일 동안 머물 수 있다. 숙소의 냉장고와 주방에는 핀란드의 맛을 느낄 수 있는 각종 로컬 식재료들이 가득 채워져 있고, 헬싱키 시내의 거의 모든 박물관 및 미술관의 입장권과 교통 패스 등이 들어 있는 '서바이벌 키트'도 제공된다. **그러나 헬싱키 시크릿에 참여하며 내가 가장 깊은 인상을 받은 부분은 주어진 많은 선택지 중 어느 곳에 가서 어느 것을 먹고, 그 내용으로 어떤 여행 콘텐츠를 만들든 헬싱키 시가 조금도 관여하지 않는다는 것이었다.** 무료 여행권을 제공하는 즉시 '콘텐츠 가이드 라인'부터 공지하는 한국의 블로그 마케팅 방식과는 정반대다.

헬싱키 시가 이렇게 파격적인 혜택을 전 세계 인플루언서에게

> '헬싱키 시크릿' 선발자에게 제공되는 서바이벌 키트. 박물관과 미술관 입장권, 교통 패스는 물론, 주요 카페와 레스토랑의 식사권과 음료권, 각종 할인권이 포함되어 있다.

제공할 수 있는 배경에는 유관 업계의 적극적인 협조와 지원이 있다. 이 프로그램의 가장 큰 협찬사는 바로 핀란드의 국영 항공사인 핀에어다. 핀에어는 이 행사에 참가하는 인플루언서에게 항공권을 제공함으로써 항공사를 홍보할 기회를 지속적으로 얻을 수 있다. 나의 경우 인천-핀란드 구간은 비즈니스 클래스 항공권을, 핀란드-인천 구간은 이코노미 클래스 항공권을 제공받았다. 이는 두 좌석의 장단점과 차이점을 파악하여 항공 경험을 리뷰하는 데 큰 도움이 됐다. 또한 NBE 캠페인 참가자에게 제공되는 헬싱키공항 비즈니스 라운지 이용권으로 편안하게 귀국길을 준비할 수 있었다. 이렇듯 핀란드와 핀에어의 마케팅에서는 여행자를 향한 세심한 배려가 느껴졌다.

도시 전체가 함께 움직이는 헬싱키의 관광 마케팅

헬싱키 시크릿을 체험하는 동안 나는 다채로운 여행 경험을 쌓을 수 있었다. 서바이벌 키트에 들어 있는 이용권 하나하나에는 정성스러운 초대 메시지가 적혀 있었는데, 그걸 보니 도저히 어느 한 곳도 그냥 지나칠 수가 없었다. 세계적인 건축가이자 디자이너인 알바 알토의 생가와 작업실, 키아즈마 미술관, 헬싱키 현대 미술관으로 이어지는 예술과 건축 투어는 핀란드를 처음 만나는 내게 딱 맞았다. 다음은 핀란드의 맛을 만날 차례였다. 핀란드의 모던 퀴진을 대표하는 레스토랑에서의 코스 요리, 마리메꼬 본사의 직원용 런치 뷔페, 도심의 아기자기한 카페까지 헬싱키의 다양한 맛집을 지갑 걱정 없이 마음껏 드나들 수 있었다. 그 어떤 곳의 직원들도 내가 현금 대신 이용권을 낸다고 해서 인상을 찌푸리거나 '안 된다', '모른다'와 같은 말을 하지 않았다.

인플루언서가 느낀 여행지에 대한 긍정적인 감정은 콘텐츠에도 그대로 녹아들기 마련이다. 나는 핀란드에서 들렀던 장소들을 테마별로 정리해 한 곳도 빠짐없이 블로그에 소개했다. 그 결과 7일간의 여행이 11개의 여행 콘텐츠로 재탄생됐다. 헬싱키 시크릿을 경험한 다른 블로거들의 리뷰들도 모두 흥미롭고 개성이 넘쳤다. 관광청이 콘텐츠 제작에 관여하지 않고 인플루언서의 전문성을 존중하기 때문에 같은 프로그램을 경험하더라도 각자의 시각과 테마에 따라 헬싱키를 다양하게 조명할 수 있었다. 주최측은 이렇게 축적된 인플루언서의 후기를 한 페이지로 구성해 헬싱키 시크릿 공식 웹사이트에 업로드한다. 여행 문화를 선도하는 얼리어답터들이 제작한 여행 콘텐츠는 관광청이 만드는 형식적인 콘텐츠와는 양적으로나 질적으로나 엄청난 차이가 있다. 여행자의 눈높이와 취향에 부합하는 콘텐츠는 결국 여행자에게서 나온다는 것을 헬싱키는 놓치지 않았다.

아쉽게도 헬싱키 시크릿과 NBE 프로그램은 더 이상 운영되지 않는다. 그런데 지난 2019년, 핀란드 관광청이 또 다시 놀라운 관광 진흥 프로그램을 론칭했다. 헬싱키를 포함한 핀란드 각 지역

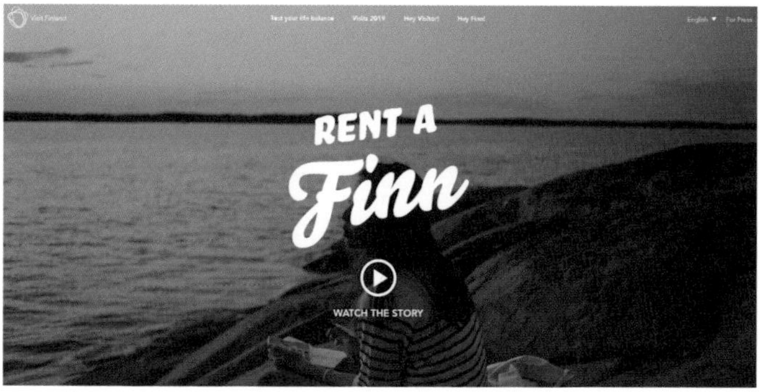

출처: rentafin.com

> 핀란드 관광청이 새롭게 론칭한 '렌트 어 핀' 캠페인의 공식 웹사이트. 주로 핀란드의 대자연을 테마로 한 홈스테이 프로그램이 많고, 웹사이트를 통해 캠페인 참여자들의 SNS 콘텐츠가 실시간으로 공유된다.

의 현지인이 자신의 집을 숙소로 공개하고 전 세계에서 투숙 희망자를 받아서 홈스테이를 경험하게 하는 '렌트 어 핀Rent a Finn' 캠페인이다. 나라 전체가 에어비앤비와 같은 하나의 플랫폼으로 변신해 여행자에게 로컬 홈스테이를 주선해준다니, 핀란드다운 도전이라는 생각이 들었다. 이외에도 핀란드 관광청은 색다른 여행 캠페인을 자주 개최하므로 핀란드 및 북유럽 여행에 관심이 있다면 틈틈이 핀란드 관광청 웹사이트www.visitfinland.com를 방문해 보는 것도 좋겠다.

3등 안에 들면 여행 보내드립니다!

- 홍콩의 '스페셜리스트' 프로그램

>

전 세계의 관광청들은 각국의 여행사 직원을 대상으로 다양한 온라인 및 오프라인 교육 과정을 운영한다. 해당 지역 상품을 판매하는 여행사 직원들은 이러한 교육을 통해 관광지로서의 매력뿐 아니라 역사, 사회 시스템 등 보다 깊이 있는 지식을 얻음으로써 여행 상품에 대한 이해도를 높일 수 있다. 예를 들어 남미 최대의 항공사인 라탐항공은 '남미 여행 전문가' 과정을 개설해 남미 여행 상품 담당자를 지원하고, 미국 관광청도 미국 스페셜리스트 프로그램USA Specialist Program을 운영 중이다. 홍콩 관광청도 '홍콩 스페셜리스트'라는 온라인 교육 프로그램을 운영한다. 이 교육은 총 3단계로 구성되어 있는데, 홍콩과 관련된 수십 개의 문제를 푸는 과정에서 역사와 교통, 숙박 시설 등 홍콩 여행과 관련된 정보들을 습득할 수 있다. 모든 단계의 문제를 다 풀고 일정 점수를 넘긴 사람에게는 수료증을 발급한다.

시험 성적이 좋으면 공짜로 홍콩에 갈 수 있다?

해마다 홍콩 관광청은 이 수료증을 받은 여행 상품 담당자를 홍콩에 초청해 인센티브 트립incentive trip(무료 여행)을 제공한다. 그동안 홍콩 여행 상품을 판매해온 직원에게 주어지는 일종의 보상인 셈인데, 지금까지는 주로 유명 여행사의 홍콩 담당 직원들이 돌아가며 초청됐다고 한다. 그런데 홍콩 관광청이 2017년부터 이 과정을 수료할 수 있는 대상 범위를 크게 확대했다. 꼭 여행사 직원이 아니어도 유관 업계 종사자라면 누구나 스페셜리스트 프로그램을 이수할 수 있도록 개편한 것이다. 우연히 기사를 통해 이 소식을 접한 나는 직접 홍콩 스페셜리스트 웹사이트에 가입해 교육 과정을 이수해봤다. 여행 강의를 업으로 하는 내게는 꽤나 유익했고, 생각보다 어렵지 않아 수료증도 받을 수 있었다.

그로부터 몇 달이 지난 어느 날, 홍콩 관광청으로부터 한 통의 메일이 도착했다. 내가 올해의 인센티브 트립 초청자로 선정됐으니 참가 여부를 알려달라는 내용이었다. 프로그램을 이수하기는 했지만 인센티브 트립까지는 기대하지 않았던 터라 무척 놀랐다. 알고 보니 교육 대상을 넓히면서 성적만으로 초청자를 선발하기로 방침이 바뀐 것이었다. 12개 나라에서 성적이 높은 순으로 3명씩, 총 36명이 초청자 명단에 올랐다. 여행사 직원이 아닌 데다가 굳이 따지자면 미디어 직군에 해당하는 내가 선정된 것만 봐도 이 프로그램의 혜택을 받게 된 참가자의 폭이 크게 넓어졌음이 엿보였다. 이 일을 통해 불과 몇 년 전까지 여행사가 여행 일정의 설계와 판매를 독점하고, 이들을 중심으로 흘러가던 여행 업계가 조금씩 변화하고 있음을 느낄 수 있었다.

3박 4일간의 인센티브 트립은 전 세계의 여행 전문가들이 초청되는 중요한 행사다. 그래서 홍콩 관광청은 국가의 관점에서 새롭게 소개하고 싶은 홍콩 내 여행지나 관광 수익에서 큰 비중을 차지하는 상품을 선별해 일정을 꾸린다. 사실 이미 홍콩을 대여섯 번이나 여행해봤던 나는 이전 여행과 크게 다르지 않을 것이라 생각하고 인센티브 트립에 나섰는데, 홍콩 관광청이 준비한 여행은 굉장히 신선했다. 그동안 나는 주로 홍콩의 현재에 집중해 내 취향에 맞는 것만 찾아 다녔기 때문이다. 특히 투명한 케이블카를 타고 홍콩의 산림을 내려다볼 수 있는 '옹핑 360 크리스탈 케이블카 투어'와 노을이 지는 저녁에 배를 타고 란타우섬을 돌아보는 '란타우 선셋 투어'는 아직 한국에 잘 알려져 있지 않아 더욱 기억에 남았다. 이처럼 잘 짜인 관광 상품의 매력은 생각보다 강렬하다. 홍콩 스페셜리스트의 인센티브 트립을 다녀와보니 관광과 여행에서 얻을 수 있는 서로 다른 경험의 퍼즐들이 하나로 맞춰지는 듯했다.

여행사를 넘어선 스페셜리스트들

홍콩 인센티브 트립은 10월 말에 진행된다. 세계 최대 규모의 와인 축제 '와인 앤드 다인 페스티벌'이 이 시기에 열리기 때문이다. 이와 같이 특정 시기에 열리는 축제는 여행사의 규격화된 패키지여행 상품에 포함시키기 어렵고, 자유여행자라고 해도 평소 해당 분야에 관심이 없었던 사람은 그런 축제가 있는지조차 모르고 지나치는 경우가 많다. 그래서 홍콩 관광청은 일부러 와인 축제 일정에 맞춰 여행 전문가들을 초청함으로써 자유여행자들에게 홍콩의 이벤트를 널리 알리고자 한 것이다. 나는 2014년에

> 매년 10월 말 홍콩 도심 한복판에서 열리는 와인 축제, 와인 앤드 다인 페스티벌. 세계 각지의 와인과 그에 어울리는 음식은 물론, 홍콩의 야경까지 즐길 수 있다.

이 와인 축제를 둘러보고 3년 만에 다시 가게 된 것이었는데, 그 사이 많이 발전했다는 인상을 받았다. 도심 한복판에서 열리는 축제라서 홍콩이 처음인 관광객들도 쉽게 찾아갈 수 있고 아름다운 홍콩의 야경을 함께 즐길 수 있다는 점이 매력적이었다. 주요 와인 생산국이 아닌 홍콩이 글로벌 와인 축제로 전 세계 여행자를 사로잡은 것은 한국이 충분히 참고해볼 만한 사례다.

관광청이 여행사 직원을 대상으로 진행하는 인센티브 트립은 향후 출시할 여행 상품의 설계를 위한 모니터링 투어의 역할도 한다. **그래서 전체 일정의 절반 이상을 현지 여행사의 프레젠테이션과 네트워킹에 할애한다. 이런 자리는 여행사 직원에게만 유용하다고 여길 수도 있지만, 자유여행이 대세인 지금은 나와 같은 인플루언서나 미디어에게도 새로운 여행 정보를 얻을 수 있는 귀중한 시간이다.** 인센티브 트립에 참가하기 전까지 나는 홍콩은 관광지로서 이렇다 할 변화를 보이지 않아 재방문하기에 매력이 떨어지는 곳이라고 생각했다. 그런데 이 투어를 계기로 홍콩에도 친환경 투어, 대자연 속 트래킹 투어 등 홍콩만의 '의외성'을 살린 여행 상품이 많다는 사실을 새롭게 알게 됐다. 특히 한국의 기업과 공공기관에서 해외여행을 주제로 강의하는 나에게 이런 정보는 매우 유용한 강의 콘텐츠가 된다.

여전히 많은 국가들은 스페셜리스트 제도나 인센티브 트립, 각종 컨퍼런스를 여행사 직원에게만 제한적으로 제공하고 있다.

그러나 이미 여러 번 강조했듯 패키지여행자 대비 자유여행자의 비율은 지속적으로 늘어나고 있고 앞으로도 늘어날 수밖에 없다. 따라서 자유여행자가 어디에서 정보를 얻고, 그 정보를 생산하는 주체는 누구인지에 주목해야 한다. 그 주체에게 어떤 정보를 공급하고 얼마나 많은 투자를 하느냐에 따라 자유여행자의 만족도가 좌우될 것이다. 이런 상황에서 계속 여행사에만 집중하는 것은 바람직하지 못하다. 각국의 관광 전문가 육성 프로그램을 가장 이해관계가 잘 맞는 여행 콘텐츠 생산자에게 제공한다면 서로 윈윈할 수 있지 않을까? 이와 관련해서는 주한 대만 관광청의 사례를 눈여겨보면 좋겠다. 주한 대만 관광청은 한국에서 대만 가이드북을 집필한 작가를 골고루 섭외하여 새로운 지역을 취재하게 하고, 이를 강의로 만들어 매달 자유여행 설명회를 연다. 나 역시 서울에서 진행된 설명회에 참석해본 적이 있는데, 여행작가마다 중점을 두는 테마나 지역이 다르다 보니 매우 다채롭고 심층적인 정보를 얻을 수 있었다. 자유여행의 시대를 대비하는 관광청의 발 빠른 전략이 필요한 시점이다.

CHAPTER 4

여행과 라이프스타일이 만나다

밀레니얼이 선택한 여행 가방, 어웨이

>

공항에서 여행용 캐리어를 급하게 끌고 가던 한 여성이 있었다. 그때 캐리어의 바퀴가 빠지고 지퍼까지 망가져 가방 안에 들어 있던 소지품과 속옷들이 공항 한복판에 쏟아지고 말았다. 큰 망신을 당한 그녀는 자신의 경험을 소셜미디어에 공유하며 어떤 여행 가방이 좋은지 물었다. 그런데 그 질문에 달린 지인들의 댓글은 "저렴한 가방은 몇 번만 여행하고 나면 망가질 거야" 또는 "비싼 여행 가방 좋지. 근데 비행기 티켓보다 더 비쌀걸", 이 두 가지뿐이었다. 그들은 저가 브랜드와 고가 브랜드 중 어느 쪽에도 충성도가 높지 않았고 오직 가방의 가격과 성능만 언급했다. 그 누구도 여행 가방을 구입하는 목적인 '여행'에 관해서는 이야기하지 않았다. 어릴 때부터 이주와 여행을 수없이 반복하며 여행 마니아로 살아온 여성은 여행 가방 시장이 잘못 돌아가고 있다는 사실을 깨달았다.

밀레니얼 여행자의 니즈를 정확히 노리다

앞서 소개한 사건은 세계의 혁신 기업을 꼽을 때 빠지지 않는 기업들인 와비파커Warby Parker와 올세인츠All Saints의 디렉터를 역임한 젠 루비오Jen Rubio가 2015년에 실제로 겪은 일이다. 이 일을 계기로 젠 루비오는 와비파커에서 함께 일했던 동료들과 새로운 여행 가방 브랜드를 창업하기로 결심했다. 본격적으로 상품을 개발하기 전에 그녀는 여행 빈도가 높은 여행자 800명을 인터뷰하고, 그들의 집에 찾아가 여행을 준비하는 과정을 처음부터 끝까지 지켜봤다. 저렴한 여행 가방은 대체로 천으로 만들어져 내구성이 약하고 바퀴도 부실했다. 반대로 고가의 여행 가방은 튼튼하고 기능도 좋았지만, 써보지 않고 선뜻 사기에는 가격이 부담스러웠다. 치밀한 사전 탐색 과정을 거치며 저가 브랜드와 고가 브랜드의 틈새에 새로운 시장이 존재한다는 사실을 발견한 젠 루비오가 설립한 여행 가방 브랜드가 바로 어웨이Away다.

어웨이의 제품들은 주로 고가 여행 가방에 사용되는 소재인 폴리카보네이트로 만들어 가볍고 튼튼하다. 여기에 젊은 여행자에게 가장 필요한 스마트폰 충전용 배터리팩을 가방 안에 탑재하는 과감한 혁신을 더했다. 2016년에 첫 출시된 어웨이의 여행용 캐리어의 가격은 합리적 수준인 225달러로, 고가 시장과 저가 시장의 중간대를 공략했음을 알 수 있다. 나아가 10일간의 무료 체험을 제공하고 한번 구매하면 평생 애프터서비스를 보장하는 등 파격적인 서비스 전략을 선보였다. 합리적인 가격과 고품질의 제품을 원하는 밀레니얼 세대가 어웨이에 보낸 지지는 그야말로 폭발적이었다. 어웨이는 창업 3년 만에 무려 100만 개의 가방을 판매했으며, 미국 여행 가방 시장의 16%를 차지하며 유니콘 기업으로 거듭났다.

어웨이의 성공 전략은 여행 업계의 최근 트렌드와 맥을 같이 한다. 첫 번째 전략은 어웨이가 판매하는 것이 가방이 아니라 경험이라는 것이다. 어웨이는 기존의 유통 구조에 의존하지 않고 소셜미디어를 통해 제품을 노출하고, 온라인으로 제품을 판매하는 DTC Direct-To-Consumer 브랜드다. 이는 창업자 젠 루비오가 DTC 브랜드의 최고봉인 와비파커 출신인 것과 연관이 깊다. 와비파커는 고객으로 하여금 오프라인 매장에서 제품을 체험하게 하고 온라인을 통해 안경을 직접 판매하는 방식을 취했다. 이로써 이탈리아 기업인 룩소티카Luxottica가 오랫동안 독점해온 미국 아이웨어 시장에서 중간 유통을 거치지 않는 혁신을 이뤘다. 어웨이도 와비파커와 동일한 직접 유통 방식으로 가방을 판매한다. 동시에 뉴욕, 런던 등 여러 대도시에 오프라인 직영 매장을 운영하여 가방을 직접 착용해본 다음 온라인으로 손쉽게 주문할 수 있도록 했다. 오프라인 매장을 방문하기 어렵더라도 온라인 구매로 가방을 받아본 뒤 열흘 동안 무료로 체험해보고 구매를 결정할 수 있어 부담이 없다.

여행 회사를 지향하는 가방 회사

소셜미디어 전문가인 젠 루비오와 30대 초반의 젊은 창업자들이 세운 회사인 만큼 어웨이는 처음부터 자체 콘텐츠와 미디어를 구축하는 데 상당한 공을 들였다. 전통적인 미디어인 TV나 신문에 광고를 내보내는 것에는 큰 예산을 들이지 않고, 자신들이 바라보는 여행에 관한 생각과 정보를 담은 여행 잡지를 발행했다. 초창기에는 여행 전문 팟캐스트를 운영하기도 했다. **DTC 브랜드이다 보니 소비자를 자사의 웹사이트로 직접 유인해내야 하는 어웨이는 '소비자들이 우리 웹사이트에 왜 방문해야 하는가?'라는 고민을 거듭한 끝에 '양질의 콘텐츠'라는 답을 찾은 것이다.** 어웨이가 제작한 모든 콘텐츠는 공식 웹사이트에서 무료로 즐길 수 있다. 이러한 마케팅 전략은 그간 젠 루비오가 "우리는 가방 회사를 만들려는 것이 아니다. 여행 브랜드를 창조하려는 것이다"라고 공공연히 밝혀온 것과도 일맥상통한다.[1]

해마다 수많은 회사들이 여행 업계에 새로이 등장하지만 그 중에서 유니콘 기업으로 발돋움하는 스타트업은 극소수에 불과하다. 유니콘 기업이란 10억 달러 이상의 가치를 가진 기업을 말

출처: heremagazine.com

> 어웨이가 직접 발행하며 웹진으로도 운영 중인 여행 전문 잡지 《히어》. 다양한 채널로 소비자와 소통하려는 어웨이의 전략이 엿보인다.

하는데, 전 세계에 약 350개의 유니콘 기업이 있다. 이 중에서 단 7개 기업만이 젠 루비오와 같은 여성 창업자가 세운 곳이다. 게다가 대부분의 유니콘 기업은 IT 기술을 기반으로 한다. 이와 같은 현실 속에서 '여행 가방'이라는, 어쩌면 누구도 관심 두지 않았던 아이템으로 창업 4년 만에 유니콘 기업이 된 어웨이의 성공은 여행 비즈니스를 준비하는 많은 이들에게 영감을 준다. 어웨이의 궁극적인 목표는 더 나은 여행을 뒷받침하는 통합적 여행 브랜드가 되는 것이다. 출발은 여행 가방이었지만 여행 의류, 웰

빙, 스킨 케어 등 라이프스타일 영역으로 진출할 것으로 예상된다. 이러한 어웨이의 행보는 여행 산업이 갈수록 고도화되는 가운데 함께 진화하는 여행용 제품의 현재와 미래를 잘 보여준 사례라 하겠다.

루이비통은 왜 여행 가이드북을 만들까?

>

2015년 10월에 프랑스 파리에서 열린 2016 S/S 오트 쿠튀르 패션위크 중 최대의 이슈는 단연 샤넬이었다. 런웨이에 공항을 그대로 옮겨온 듯한 연출이 너무나 파격적이었기 때문이다. 당시 샤넬의 런웨이에는 카운터와 수화물용 컨베이어 벨트가 설치됐고, 모델들이 여행용 캐리어를 끌며 워킹을 하기도 했다. 이처럼 21세기에 접어들면서 럭셔리 패션 브랜드들이 앞다투어 여행의 이미지를 차용하기 시작했다. 특히 보헤미안, 와일드, 어드벤처 등이 럭셔리 브랜드의 마케팅에 중요한 테마가 되자 패션계의 '여행 사랑'은 눈에 띄게 늘었다. 2018년, 마찬가지로 파리에서 열린 샤넬의 크루즈 컬렉션(휴양지를 위한 패션으로 구성된 컬렉션) 쇼의 메인 테마는 여행자에게 건네는 프랑스 인사말인 '본 보야지Bon Voyage(여행 잘 다녀오세요)'였다. 런웨이 옆에는 실물 크기의 대형 여객선을 설치했고, 여기에 뱃고동 소리와 갈매기 울음소리 등 음향효과까지 완벽하게 어우러져 실제 항구에서 패션쇼가 펼쳐지는 것처럼 연출했다. 샤넬은 왜 자사의 패션 트렌드를 선보이는 중요한 무대의 콘셉트를 여행을 상징하는 공항과 크루즈로 설정한 것일까?

여행의 이미지를 패션 업계로 끌어오다

일찍이 여행의 이미지를 가장 적극적으로 도입한 럭셔리 패션 브랜드는 루이비통이었다. 사실 루이비통이라는 브랜드 자체가 여행의 발달과 함께 탄생한 것이기도 하다. 철도 여행이 본격화된 1800년대 중반의 프랑스, 철길 옆에서 견습공으로 일하던 루이 비통Louis Vuitton의 눈에 사람들이 기차에 들고 타는 여행 가방이 들어왔다. 그 가방이 불편해 보였던 루이 비통은 이를 편리하게 개조해 실용적인 여행 가방을 만들었고, 이 가방이 세계적인 브랜드 루이비통의 시작이었다. 하지만 수백 년의 시간이 흐른 지금까지 그 정체성을 유지하기란 쉽지 않다. 그런데 루이비통은 여전히 '여행'의 정체성을 놓치지 않고 있다. 패션뿐만 아니라 뷰티 업계 등 다양한 분야로 사업을 확장했음에도 불구하고 모든 제품을 마케팅할 때 여행에서 얻는 자유로움과 해방감의 이미지를 전면에 내세운다. 몇 년 전부터는 자사의 여행용 캐리어를 활용한 '짐 싸기의 예술Art of Packing'을 비롯한 여행 관련 영상들을 꾸준히 제작하고 있으며, 전 세계 주요 도시를 루이비통의 관점으로 섬세하게 취재한 가이드북과 여행 일러스트북을 여러 언어로 출간해오고 있다.

패션 브랜드가 여행 가이드북을 만드는 이유는 무엇일까? **패션 산업에서도 주요 소비자로 떠오른 밀레니얼 세대가 선호하는 대표적인 경험이 '여행'이기 때문이다. 그래서 패션이나 뷰티와 같은 소비재 브랜드들이 자유, 힐링, 해방감 등 여행에서 느껴지는 다양한 이미지들을 발 빠르게 끌어오고 있다.** 낡은 브랜드라는 이미지로 하락세를 보이다 급기야 2014년에는 도산 위기를 겪기까지 했던 구찌는 최근 밀레니얼 세대를 집중 공략하면서 젊은이들의 사랑을 받는 '힙 럭셔리Hip luxury' 브랜드로 재도약했다. 이때 구찌가 구사한 전략들 중 하나가 여행 콘텐츠를 이용한 마케팅이다. 구찌의 모바일 애플리케이션에는 '구찌 플레이스Gucci Places'라는 특이한 카테고리가 있는데, 이 카테고리에서는 구찌의 제품에 영감을 준 세계의 다양한 장소들을 모아 보여준다. 사용자가 특정 구찌 플레이스 근처를 지나면 애플리케이션이 사용자의 위치 정보를 인식해 자동으로 초대 메시지를 보낸다. 이때 해당 장소에 방문하면 특별한 배지를 받고 이를 소셜미디어에 공유하는 이벤트에 참여할 수도 있다.

패션 업계의 여행 마케팅은 비단 럭셔리 브랜드에만 국한되지

출처: 구찌

> 구찌 모바일 애플리케이션의 '구찌 플레이스'. 사용자의 위치 정보를 기반으로 브랜드 체험 기회를 제공하는 동시에 마케팅 효과까지 창출한다.

않는다. 어웨이와 함께 미국의 대표 DTC 패션 브랜드로 꼽히는 에버레인Eeverlane은 인스타그램에 제품 홍보 사진 대신 독특한 여행지 사진을 올린다. 미식, 예술 등 테마가 있는 여행지의 매력을 사진에 담아 소개하고, 그 콘텐츠에 '이 도시에도 배송하기 시작했습니다'라는 짧은 글을 덧붙일 뿐이다. 라이프스타일 브랜드 앤스로폴로지Anthropologie는 자유로운 방랑자, 보헤미안을 대표 이미지로 활용한다. 앤스로폴로지는 매 시즌마다 새로운 여행지를 배경으로 한 신상품 화보를 내는 것으로도 유명한데, 장소는 달라도 항상 '여행의 즐거움'이 느껴지도록 화보를 만들기 때문에 브랜드 정체성을 굳건히 하는 데 한몫하고 있다.

최근에는 호텔도 여행의 해방감을 반영한 공간이자 패션 브랜드를 돋보이게 하는 역할을 한다. 우리에게도 친숙한 스웨덴의 패스트패션 브랜드 H&M은 2018년 홀리데이 캠페인에 호텔을 활용했다. 브랜드의 이름(Hennes&Mauritz)에서 착안한 가상의 호텔, '호텔 모리츠'를 배경으로 6부작 드라마를 제작한 것이다. 시카고에 본점을 둔 유명 편집숍 RSVP 갤러리 역시 2018년에 호텔에서 영감을 얻은 제품 라인을 론칭했다. 론칭과 함께 '호텔'이라는 제목의 영상을 공개했는데, 영상은 두 청년이 호텔에 체크인하는 모습에서 시작되어 젊은이들이 자유분방하게 호텔을 즐기는 모습을 보여준다. 밀레니얼 세대에게 호텔은 일상을 탈출해 나만의 자유를 만끽할 수 있는 공간이라는 것을 최대한 부각시키는 동시에 RSVP 갤러리의 제품이야말로 그런 밀레니얼 세대에게 가장 어울린다는 것을 어필한 콘텐츠다.

때때로 패션은 여행의 동기가 된다

반대로 여행 업계는 패션 산업을 어떻게 보고 있을까? 여행 업계에서 패션은 중요한 동기 부여 요소다. 실제로 패션 투어리즘이라는 용어가 업계 내에서 활발히 사용되고 있으며, 이는 기존의 쇼핑 투어리즘보다 더 세분화된 문화 시장으로 여겨진다. 패션을 관광 콘텐츠에 적극적으로 도입한 유럽의 도시를 꼽으라면 벨기에의 앤트워프Antwerp가 있다. 이 도시의 공식 관광 웹사이트에

‘쇼핑과 패션’이라는 카테고리가 따로 있을 정도다. 앤트워프가 패션의 도시가 된 가장 큰 이유는 세계 3대 패션학교 중 하나인 앤트워프 왕립 예술학교가 있는 곳이기 때문이다. 이 학교의 졸업 기념 패션쇼를 직접 보고 신진 디자이너를 발굴하기 위해 해마다 6,000명이 넘는 업계 관계자들이 앤트워프를 방문한다. 그 과정에서 패션 산업이 집중적으로 발달되자, 이를 경험하기 위해 더 많은 사람들이 찾아왔다. 이들을 위해 앤트워프는 패션 박물관, 쇼핑 거리 등 패션을 테마로 한 다양한 볼거리를 조성했고, 인구가 50만 명에 불과했던 작은 도시는 ‘패션의 도시’로 명성을 얻게 됐다.

패션 업계와의 협력에 나선 것은 호텔 업계도 마찬가지다. 아코르 그룹의 브랜드 중에는 ‘소피텔 소’라는 브랜드가 있다. 변화하는 트렌드를 반영하기 위해 아코르의 대표 브랜드인 소피텔에서 파생된 브랜드다. 소피텔 소의 특징은 지역별로 선정된 패션 디자이너들이 각 호텔의 콘셉트와 스타일을 전담한다는 것이다. 이 파격적인 컬래버레이션의 첫 사례는 소피텔 소 방콕으로, 프랑스의 패션 브랜드 크리스찬라르크와의 설립자이자 디자이너인 크리스찬 라르크와가 디자인했다. 소피텔 소 싱가포르는 샤넬의 부흥을 이끈 칼 라거펠트가 디자인했는데, 화려한 호텔의 모습에서 칼 라거펠트 특유의 감각과 재치가 느껴진다. 이 호텔의 직원들은 칼 라거펠트가 직접 디자인한 유니폼을 입고, 런웨이

출처: sofitel.accor.com

> 칼 라거펠트가 디자인 및 스타일링을 담당한 소피텔 소 싱가포르의 객실.

처럼 조성된 로비에는 칼 라거펠트를 기념하는 공간이 마련되어 있다. 인도양에 있는 섬나라 모리셔스에 오픈한 세 번째 소피텔 소는 겐조의 창립자 다카다 겐조가 맡았다. 이렇게 기획된 소피텔 소의 모든 지점은 그 호텔을 맡은 디자이너를 닮은, 매우 독특한 개성을 지닌다.

호텔과 패션의 컬래버레이션은 호텔의 인테리어뿐만 아니라 서비스 분야에서도 활발히 이뤄지고 있다. 만약 여행을 떠날 때 옷을 가져갈 필요가 없다면 어떨까? 호텔이 나를 대신해 내가 여행지에서 입을 옷을 준비해준다면? 메리어트 인터내셔널 계열의

W 호텔은 의류 대여 서비스 업체 렌트더런웨이Rent the Runway와 함께 여행지에서 입을 옷을 준비해주는 '옷장 컨시어지' 서비스를 선보였다. 2019년 12월부터 2020년 3월 사이에 일부 W 호텔 지점을 이용하는 고객들을 대상으로 제공된 한시적 서비스다. W 호텔의 객실을 예약한 후 렌트더런웨이에서 원하는 의상 스타일을 고르기만 하면 객실에 들어섰을 때 그 스타일대로 마련된 옷을 수령할 수 있다. 이 서비스는 W 아스펜, W 사우스 비치, W 워싱턴 D.C., W 할리우드 등 총 4개 지점에서 시행됐는데, 각 지역별로 맞춤형 스타일링을 해주는 것이 인상적이다. 예를 들어, 스키 여행지로 유명한 아스펜에서는 스키를 비롯한 야외 활동에 적합한 복장을, 아름다운 휴양지인 마이애미의 사우스 비치에서는 바닷가에 어울리는 여름 복장을 제안하는 식이다. W 호텔은 여행 가방을 꾸리는 번거로운 일을 줄여주고 여행지에서 새로운 옷을 입는 즐거움을 선사함으로써 고객에게 신선한 여행 경험을 안겨준 것이다.

아예 여행자에게 최적화된 의류 대여 서비스 업체도 등장했다. 미국 로스앤젤레스에 본사를 둔 트래블포터Trvl Poter는 비즈니스, 휴양 등 고객의 여행 목적에 맞는 옷을 최대 2주 동안 대여해주며, 고객이 원하는 호텔 또는 에어비앤비 숙소에 이 옷들을 배송해준다. 여행자가 여행지에서 입을 새 옷을 쇼핑하고, 이를 다시 가방에 싸야 하는 과정을 대신해주는 것이다. 현재 의류만 대여하고 있지만 트래블포터의 궁극적인 목표는 여행자가 짐을 챙기지 않아도 되도록 여행에 필요한 모든 것을 제공하는 것이라 한다. 럭셔리 여행업에서도 이와 유사한 사례를 찾아볼 수 있다. 런던 기반의 럭셔리 여행사 보야저클럽Voyager Club의 여러 서비스 중에서 가장 빠르게 성장하고 있는 '마이 버케이션 스타일리스트My Vacation Stylist'다. 이 서비스를 신청하면 전문 패션 스타일리스트가 휴가 기간에 입을 옷들을 선별하여 호텔 객실까지 가져다준다. 객실에 준비된 옷들 중에서 원하는 것은 구입하고, 나머지는 돌려보내면 된다. 패션을 통해 자신을 표현하고자 하는 것은 밀레니얼 세대의 큰 특징 중 하나다. 밀레니얼 세대가 여행을 떠나는 중요 목적 역시 멋진 인증샷을 남김으로써 자신을 표현하려는 것임을 고려한다면, 여행과 패션의 만남은 필연적이라 할 수 있다. 두 업계가 비슷한 소비자 타깃을 공유하는 만큼 앞으로도 지속적인 확장과 결합이 이뤄질 것으로 전망된다.

음악 페스티벌을 따라 이동하는 여행자들, 뮤직 투어리즘

>

팝 마니아인 나는 여행 일정을 짤 때 여행 정보 웹사이트가 아닌 다른 웹사이트부터 먼저 살펴본다. 바로 송킥닷컴songkick.com인데, 세계 각지에서 열리는 음악 공연 일정을 알려주는 웹사이트다. 현지에서 음악 공연을 보는 것은 내게 중요한 여행 테마 중 하나이기 때문이다. 드물기는 하지만 공연이 여행의 목적이 될 때도 있다. 2015년에는 재닛 잭슨의 월드 투어 콘서트를 관람하기 위해 하와이까지 찾아가기도 했다. 해외 공연 예매가 어려웠던 시대는 끝났다. 티켓마스터와 같은 글로벌 예매 플랫폼이 대중화된 데다가, 티켓 리세일resale 서비스도 많아져 다른 사람이 되파는 티켓을 온라인으로 구매하는 것도 어렵지 않다. 나 역시 몇 번의 클릭 끝에 비교적 손쉽게 월드 투어의 좌석을 구할 수 있었다.

음악적 취향이 여행의 방향을 결정한다

주목할 것은 여행의 목적이 달라지면 여행의 과정도 달라진다는 점이다. 내가 재닛 잭슨의 콘서트를 보기 위해 하와이에 갔을 때를 예로 들어보겠다. 휴양이 아닌 공연 관람을 위해 하와이에 가려고 하니 숙소의 위치와 종류부터 이전과는 다른 기준으로 고르게 됐다. 에어비앤비에서 일부러 공연장까지 도보로 갈 수 있는 거리에 위치한 시내의 한 아파트를 찾아 예약했다. 이 지역은 와이키키 해변에서 다소 떨어져 있어 해변가의 호텔들보다 훨씬 저렴하게 숙소를 잡을 수 있었다. 게다가 현지인이 사는 공간을 잠시 빌려 쓰는 것이기 때문에 자연스럽게 현지의 라이프스타일을 경험해볼 기회까지 생겼다. 만약 한국 아티스트의 공연을 보기 위해 한국을 방문하는 외국인이라면 어떨까? 아마도 나와 비슷한 경로로 공연 티켓을 예매하고 비슷한 기준으로 숙소를 선택할 것이다. **관광을 목적으로 방문하는 것이 아니기에 오히려 정형화되지 않고 현지에 밀착된 여행을 즐기게 될 수도 있다. 이런 여행이 단지 음악을 좋아하는 마니아들에게만 해당되는, 일시적이고 국지적인 현상일 뿐일까?**

지난 2018년 12월 6일, 레코딩 아카데미(1957년 설립된 미국의 음반 산업 종사자 협회. 세계적인 음악 시상식인 그래미 어워드를 주최하는 것으로 잘 알려져 있다)는 세계 최대 규모의 공연 티켓 예매 플랫폼 스텁허브Stubhub가 공개한 보고서를 인용해 '2018년 라이브 공연을 위해 전 세계를 여행한 음악 팬들'이라는 제목의 흥미로운 기사를 냈다. 이 기사에 따르면 방탄소년단의 콘서트를 위해 무려 80개국의 팬들이 다른 나라 혹은 도시를 방문했다고 한다. 그렇다면 2018년을 기준으로 세계에서 투어 콘서트 티켓을 가장 많이 판매한 가수는 누구일까? 1위는 영국의 싱어송라이터, 에드 시런이었다. 방탄소년단은 에드 시런에 이어 2위를 차지했다. 세계적인 셀링 파워를 가진 아티스트를 배출한 덕분인지, 한국은 '투어 관람을 위해 가장 많이 국경을 넘나드는 국가 톱 10'에도 이름을 올렸다.2

위 기사가 나오기 이틀 전, 음악 전문지 《롤링스톤》도 유사한 주제의 기사를 보도했다. 스텁허브와의 인터뷰를 다룬 이 기사에는 뜻밖의 이야기가 실려 있었다. 스텁허브 담당자가 팝 아티스트의 관객 동원력이 점차 세계적인 범위로 넓어지는 것의 주요 원인으로 에어비앤비와 같은 여행 플랫폼의 확대를 꼽은 것이다. 그는 홈스테이나 아파트 렌털이 쉬워지면서 자신이 좋아하는 아티스트를 보기 위해 나라나 도시를 옮겨다니는 일이 예전보다 수월해졌고 비용도 저렴해졌다는 사실을 언급했다.3 다시 말해 좋아하는 아티스트의 나라를 찾아가서 공연을 관람하는 여행은 '현지인처럼like a local' 여행지를 즐기고 싶어 하는 밀레니얼 세대의 경향과 접점이 있다는 것이다. 바야흐로 음악적 취향이 여행을 '시켜주는', 뮤직 투어리즘의 시대가 도래하고 있다.

▌한국이 눈여겨봐야 할 뮤직 투어리즘의 가능성

현대 대중문화를 선도해온 미국은 이러한 흐름을 놓치지 않고 관광 마케팅에 음악을 적극 활용하기 시작했다. 미국 관광청은 2019년의 캠페인 슬로건으로 '음악을 들어요Hear the Music'를 내세우고, 음원 스트리밍 서비스 스포티파이Spotify와 제휴를 맺었다. 그리고는 미국 내 주요 음악 도시 22곳을 선정하고 스포티파이에 각각의 도시에서 영감을 받은 음악 플레이리스트를 만들어 공개하는 방식으로 각 도시를 홍보하고 있다. 2019년 2월 스포티파이가 인도 시장에 진출했을 때도 이 제휴 관계를 강조했다.

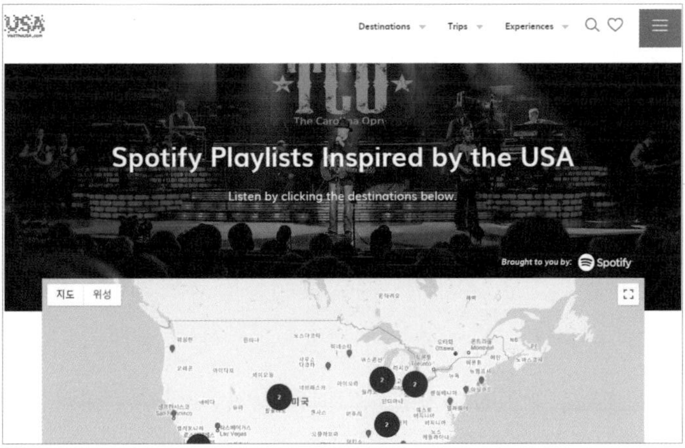

출처: visittheusa.com/music

> 미국 관광청은 스포티파이와 연계함으로써 음악을 관광 마케팅에 활용한다. 지도 위 아이콘을 클릭하면 각 도시와 관련 있는 음악을 확인할 수 있다.

스포티파이가 인도에 진출한다면 미국은 음악을 도구 삼아 인도 시장에 새로운 관광 상품을 어필할 수 있다는 것이다. 나아가 미국 관광청은 음악 도시 22곳의 이야기로 〈아메리카스 뮤지컬 저니〉라는 다큐멘터리 영화를 제작해 전 세계에 개봉하기도 했다. 미국 국립공원의 아름다움을 담은 〈아메리카 와일드〉의 성공에 힘입어 제작한 미국 관광청의 두 번째 영화 콘텐츠다.

미국 최대의 인디 뮤직 페스티벌 '코첼라 밸리 뮤직 앤드 아트 페스티벌Coachella Valley Music and Arts Festival'은 음악과 여행 산업이 어떻게 결합할 수 있는지 잘 보여주는 사례다. 축제 기간 동안 공연장 부근에는 스폰서 기업인 메리어트 인터내셔널의 특별한 팝업 숙소가 설치된다. 메리어트 계열의 호텔인 W는 내부를 호텔처럼 꾸민 'W 요트'를, 어로프트는 '어로프트 호텔 사파리 텐트'를 운영하며 축제를 찾은 관람객들을 불러모은다. 이 숙소들은 오직 메리어트의 멤버십인 본보이 포인트 경매로만 예약할 수 있다. 2019년에는 팝업 숙소 외에 본보이 방갈로와 본보이 VIP 라운지가 추가됐는데, 이는 기존의 메리어트 리워드 프로그램이 재편됐음을 알리고 멤버십의 새로운 이름을 홍보하려는 전략이었다. 또한 모든 팝업 숙소의 내부는 음악에서 모티브를 얻은 디자인으로 꾸며지고 인스타그램용 사진을 찍기에 최적화된 공간으로 연출되어 있다는 점에서 음악 팬들 중에서도 디지털 인플루언서들을 타깃 삼아 진행한 마케팅이라고 볼 수 있다.

출처: traveler.marriott.com (© Alex Kreuter)

> 2019년 코첼라 밸리 뮤직 앤드 페스티벌 기간에 메리어트 인터내셔널이 멤버십 홍보를 위해 설치한 본보이 방갈로와 팝업 숙소 '어로프트 호텔 사파리 텐트'.

'뮤직 투어리즘'은 최근 들어 서서히 떠오르기 시작한 새로운 개념이다. 그럼에도 음악 산업이 여행 업계에 미치는 직간접적인 영향력을 감지한 세계 많은 국가들이 이 분야에 관심을 보이는 추세다. 일례로 영국의 컨설팅 업체 사운드디플로머시Sound Diplomacy는 '음악 도시 운동Music Cities Movement'을 제안한 바 있다.

특정 도시의 음악 산업 생태계를 분석하여 관련 종사자들이 더 많은 비즈니스적 기회를 얻고 일자리를 창출하도록 돕는 운동이다. 이때 형성되는 사업 기회 중에는 뮤직 투어리즘이 큰 비중을 차지한다. 해당 도시의 관광부와 음악 회사, 뮤지션 등이 파트너십을 맺고 포괄적인 전략을 짜서 함께 움직여야 하기 때문이다. 이러한 아이디어를 좀 더 확대하기 위해 사운드디플로머시는 '뮤직 시티즈 이벤트Music Cities Events'라는 행사를 주관하는데, 세계 45개국의 200여 개 도시가 매년 돌아가면서 컨퍼런스를 개최한다. 이 컨퍼런스는 각국의 경제 발전에 음악이 어떻게 기여할 수 있는지, 관광 산업을 견인하고 새로운 직업을 만들어내는 데 음악이 어떤 역할을 할 것인지 등을 정책 차원에서 논의하는 자리다. 이 행사의 일환인 '뮤직 시티즈 컨벤션Music Cities Convention'이 2020년 6월 서울에서 열릴 예정이다. 아시아에서는 중국 청도에 이어 두 번째로 개최하게 됐다. 이 행사에서 세계적인 대중음악 중심지로 주목받는 서울의 위상을 확인할 수 있길 기대해본다. 현재 세계 음악 업계에서 가장 주목받는 케이팝 아티스트를 연이어 배출하고 있는 한국이야말로 뮤직 투어리즘의 엄청난 잠재력과 가능성을 더욱 발전시킬 필요가 있다.

2010년 시작된 사운드 아트 프로젝트 '뮤직 시티'도 관광과 음악을 결합한 색다른 도시 여행 방식을 제안한다. 영국의 BBC 라디오 진행자이자 프로듀서인 닉 루스콤Nick Luscombe은 장소의 경험을 확장해주는 음악의 기능에 주목하고, 특정 장소에서 영감을 받아 음악을 제작하는 프로젝트를 고안해냈다. 그는 사운드 아티스트가 도시의 감성을 담아 만든 음악에 지오태그geotag(사진이나 동영상 등 디지털 파일에 위치 정보를 덧붙이는 기능)를 접목시키는 방법을 택했다. 사용자가 어떤 음악을 들으려면 그 장소에 직접 방문한 상태에서 애플리케이션을 실행해야 그 음악을 재생할 수 있다. 지난 2017년 개최된 '서울 도시건축 비엔날레'에서 서울 시는 뮤직 시티와 함께 장소 기반 음악을 제작한 적이 있다. 이 프로젝트는 주제가 건축으로 한정되고, 시연 기간 역시 1개월가량으로 짧아서 일종의 공공예술 프로젝트에 머물렀다는 점이 아쉽다.

뮤직 시티 프로젝트는 점차 도시 체험의 영역으로 확장 중이다. 2019년 12월 공개된 방콕 프로젝트의 경우 현지 예술가와 함께 왓 아룬, 시암 박물관 등 방콕의 주요 랜드마크를 음악으로 표현하고, 최근 주목받고 있는 태국의 음악 축제 '원더프루트 Wonderfruit'에서 이 음악으로 공연을 하기도 했다. 당시 원더프루트 공식 웹사이트에는 '헤드폰을 끼고 지도에 표시된 곳으로 가서 뮤직 시티를 실행하고 음악을 즐기세요!'라는 글과 함께 방콕을 음악과 함께 즐기는 방법이 소개됐다.4 이처럼 장소와 음악의 결합은 체험을 중시하는 밀레니얼 세대의 특성과도 잘 맞는 동시에, 관광 명소라는 한정된 자원이 예술이라는 무형의 자원과 만나 새로운 가치를 만들어낼 수 있음을 보여주었다.

여행자는 맛있는 곳으로 몰린다, 푸드 투어리즘

>

2019년 1월, 나는 아세안 10개국이 참여하는 '아세안 투어리즘 포럼ATF, Asean Tourism Forum'에 미디어 자격으로 초청받아 행사가 열리는 베트남 하롱베이로 향했다. 이 행사에서 개최국인 베트남과 브루나이는 물론 태국과 말레이시아, 미얀마, 캄보디아까지 모든 나라들이 경쟁적으로 언급한 관광 키워드가 있다. 바로 '개스트로노미Gastronomy', 미식이다. 태국과 베트남의 식문화는 한국에도 많이 알려져 있지만, 브루나이나 미얀마에서 유명한 음식이 뭐냐고 물으면 딱히 떠오르는 요리가 없다. 그럼에도 브루나이, 캄보디아, 미얀마 등이 관광 전략의 전면에 '미식'을 내세웠다는 것은 그만큼 여행 업계에서 미식이 중요한 트렌드가 됐다는 것을 반증한다. 하지만 외국인인 내 입장에서는 조금 난처하기도 했다. 나는 참가국들의 음식을 잘 알지 못하는데 너도나도 미식 관광만 강조하니 각국의 강점이 무엇인지 구체적으로 구별해내기가 다소 어려웠기 때문이다.

세계적인 대세로 자리 잡은 미식 관광

오늘날 여행 업계의 가장 뜨거운 트렌드는 미식 관광, 즉 푸드 투어리즘이다. 한국인 여행자만 봐도 미식이 여행에 끼치는 영향이 지대하다는 것을 알 수 있다. 2019년 익스피디아가 진행한 조사에 따르면, 한국인 여행자에게 미식은 여행에서 가장 큰 부분을 차지하는 요소다. 전체 응답자 중 79.6%, 다시 말해 10명 중 약 8명이 여행지를 고를 때 미식을 고려한다고 답했다.[5] 음식을 먹는 모습을 담은 영상인 '먹방'이 해외에서도 한국어 발음 그대로 'Mukbang'이라 불리며 일종의 고유명사화된 현상은 우연이 아니다. 그래서 전 세계 관광청이 한국을 대상으로 자국의 여행 상품을 마케팅할 때도 미식이 빠지지 않는다. 한국의 TV 프로그램에 협찬을 하고 자국 여행지를 알리는 방식은 관광청들이 일반적으로 사용하는 홍보 방식이다. 그런데 이전에는 화제성이 높은 예능 프로그램이나 드라마 위주로 협찬했다면, 최근에는 〈원나잇 푸드트립〉과 같이 음식을 테마로 한 예능 프로그램을 통해 미식 관광을 집중적으로 소개한다는 점에서 차이를 보인다. 맛집 위주로 여행 일정을 짜는 한국인의 성향은 해외여행 예약 서비스의 카테고리에 반영되기도 했다. 여행 경험 플랫폼 와그에는 '레스토랑&다이닝'이란 카테고리가 따로 구분되어 있어 여행지별로 맛집, 카페, 바, 미슐랭 가이드 레스토랑 등의 정보를 얻고 예약할 수 있다.

전 세계에 부는 미식 열풍은 글로벌 여행 플랫폼을 변화시키고 있다. 트립어드바이저는 기존에 제공하던 맛집 검색 기능에 '테이블 온라인 예약' 기능을 추가했고, 에어비앤비 트립에서도 세계 각국의 다양한 미식 관련 프로그램을 예약할 수 있다. 특히 에어비앤비는 2019년 11월에 요리 카테고리를 별도로 분리해서 '에어비앤비 쿠킹'이라는 새로운 서비스를 론칭하기도 했다. 에어비앤비가 요리 체험을 강화하는 이유는 여러 현지 투어 상품 중에서도 현지인의 집에 머물면서 음식 체험을 하려는 식음료 체험 예약이 2018년부터 연간 160%씩 눈에 띄게 증가하고 있는 것과 관련이 깊다.

이처럼 현지 음식 체험은 단순히 맛집을 찾아다니는 식당 순례을 넘어 현지인이 만든 가정식 요리를 맛보거나 현지인과 함께 음식을 만들어보는 등 차별화된 경험으로 진화 중이다. 메리어트 인터내셔널의 경우 현지식 예약 서비스 잇위드Eatwith와 손잡고 자사의 멤버십 회원이 현지에서의 식사 체험을 편리하게 예약할 수 있도록 멤버십 웹사이트를 개편했다. 잇위드가 제공하는 식사 체험은 기존의 푸드 투어나 식당 투어와는 성격이 다르다. 현지인의 집에서 그들이 직접 만든 음식을 여행자와 나누는 '집밥 체험'에 가깝다. 일본에도 이와 유사한 서비스가 있다. 키치하이크Kitchhike라는 서비스인데, 내가 방문하는 지역의 거주자가 여는 팝업 키친을 찾아 온라인으로 예약할 수 있도록 도와준다. 키치하이크는 2013년 창업한 이래 20~40대의 미식 여행 애호가 사이에서 인기를 끌며 꾸준히 성장하고 있다. 최근에는 지방자치단체나 외식 업체와의 협업을 통해 보다 다양한 형태의 미식 체험 프로그램을 시도하기도 했다.

그렇다면 호텔과 항공 업계는 어떨까? 핀란드 헬싱키의 부티크 호텔 클라우스 케이는 핀란드의 유제품 브랜드 발리오Valio와 함께 일정 기간 동안 아이스크림을 테마로 한 객실을 선보이는 이벤트를 벌였다. '스위트 스위트Sweet suite'라는 이름이 붙은 이 특별한 객실은 핀란드의 로컬 디자이너들이 디자인했는데, 발리오 아이스크림으로 가득 채워진 냉장고가 있는 것이 특징이다. 한편, 에어아시아는 2019년 7월 뉴욕의 인기 셰프이자 자선단체 '레드'의 홍보대사인 홍 타이미Hong Thaimee와 협업해 새로운 기내식 메뉴를 개발했다. 태국 북부와 서양의 요리를 결합한 버거로, '인스피 레드Inspi Red'라는 이름처럼 붉은색 빵을 사용해 여행자의 인증샷을 유도했다. 이 버거의 판매 금액 중 10%가 에이즈 퇴치에 쓰인다고 하니 소비자에게는 윤리적인 소비를 하면서 독특한 여행 사진까지 얻을 수 있다는 강력한 동기를 부여한다.

아이스크림으로 객실을 채운 호텔과 붉은색 햄버거를 기내식으로 내놓은 항공사가 공통적으로 시사하는 것은 무엇일까? 밀레니얼의 미식 관광은 결국 인증샷, 즉 기록과 공유로 이어진다는 것이다. **실제로 젊은 세대의 여행 문화에서 푸드 투어리즘이 급부상한 데는 '가성비 좋은 인증샷'의 역할이 큰 것으로 여겨진다.** 여행 사진 중에서 들어간 비용이나 수고에 비해 빠르게 반응(이를테면 인스타그램의 '좋아요' 등)을 이끌어낼 수 있는 것은 음식 사진이라는 점을 주의 깊게 살펴야 한다.

채식 식당만 찾아가는 비거니즘의 여행

푸드 투어리즘과 관련해 관심을 기울여야 하는 또 다른 지점은 비건, 할랄 등 특정 가치관과 관련된 테마 미식 관광이다. 특히 채식 시장은 여행 업계가 가장 주목해야 할 시장으로, 2018년 '글로벌 투어리즘 서밋'에서도 채식 시장을 중요하게 다뤘다. 미국 시장만 봐도 최근 3년간 채식주의자 인구가 600%나 증가했으며 채식 제품 시장은 약 31억 달러 규모로 식품 시장에서 가장 큰 카테고리가 됐다.[6] 이와 같은 채식주의의 급속한 확장은 라이프스타일과 여행 산업에도 직접적인 영향을 준다. 세계에서 가장 큰 어드벤처 여행 업체 인트레피드트래블Intrepid Travel은 2019년 4월에 채식주의자를 위한 여행 상품을 새롭게 도입했다. 이 투어의 고객들은 태국, 인도, 이탈리아 등 음식으로 유명한 여행지에서 육류와 유제품이 배제된 채식 식당을 방문하고 채식주의 별장에서 투숙한다.

그런가 하면 호텔 업계의 변화도 심상치 않다. 영국의 힐튼 런던 뱅크사이드 호텔에는 비건 테마의 스위트룸이 마련되어 있다. 객실 내의 모든 소품과 어메니티는 비건 친화적인 제품들로 구비하고, 미니바의 먹거리도 여러 비건 제품들 중에서 엄선해 준비한다. 밀레니얼 세대를 타깃으로 홍콩과 호주에 총 10개의 지점을 운영 중인 오볼로 호텔은 홍콩 호텔 업계에서는 최초로 채식 레스토랑을 도입했다. 2019년 1월 문을 연 오볼로 홍콩 센트

출처: 오볼로 호텔스

› 오볼로 홍콩 센트럴의 채식 레스토랑 베다에서 제공되는 메뉴들. 채식과 관련된 소비층이 확장됨에 따라 채식의 고급화도 진행되고 있음이 엿보인다.

럴의 레스토랑 베다Veda의 모든 메뉴를 채식으로 구성한 것이다. 이 혁신적인 시도로 베다는 오픈과 함께 많은 미디어의 주목을 받았다. 오볼로 호텔의 자매 브랜드인 모조 노마드 역시 호텔 내 멕시칸 레스토랑에서 채식 타코를 판매한다. 이들이 채식 콘셉트를 호텔의 중요한 서비스 중 하나로 삼은 것은 호텔 업계가 밀레니얼 세대와 Z 세대의 푸드 트렌드인 비거니즘을 반영하고 이를 마케팅 요소로 활용하기 위해 분주하게 움직이고 있음을 보여준다.

유튜브를 보면 채식 열풍이 여행 트렌드에 미치는 영향을 좀 더 생생하게 관찰할 수 있다. 200만 명이 넘는 구독자를 보유한 유튜브 채널 '피스풀 퀴진Peaceful Cuisine'을 운영하는 료야 타카시마는 주로 채식주의자들을 위한 레시피를 소개한다. 그는 요리 영상 외에 여행 브이로그도 종종 업데이트하는데, 그 여행의 테마 역시 '비건'이다. 미국 포틀랜드와 하와이, 대만, 이집트, 아이슬란드 등을 여행하며 비건 식당과 카페만 찾아다니고 자신이 먹어본 채식 메뉴를 리뷰해 영상에 담는다. 그의 채식 여행은 수많은 구독자에게 직간접적인 영향을 끼칠 수밖에 없다. 이제 유튜브에서 '비건 인플루언서'를 찾는 것은 어렵지 않으며, 특히 미국에서는 비건 인플루언서들이 비건 열풍을 주도한다고 보고 있다. **이미 미국과 유럽의 여행자들에게 채식은 매력적이고 합리적인 라이프스타일로 자리 잡았다. 이들은 식당뿐만 아니라 숙소, 체험 등을 선**

택할 때도 채식 또는 환경에 친화적인지 꼼꼼하게 따지고 소비를 결정한다. 채식이 전 세계적인 여행 트렌드가 되어가고 있는 만큼 여행업계 외에 여행자를 상대하는 모든 기업들은 채식을 둘러싼 시장의 흐름을 예민하게 살펴야 할 것이다.

무인양품과 포숑이 호텔을 차린 이유

- 호텔 업계에 뛰어든 브랜드들

>

2019년 6월, 미국의 패스트푸드 브랜드인 타코벨Taco Bell 웹사이트에 낯선 카테고리가 생겼다. '더 벨The Bell'이라는 카테고리에 들어가보니 타코벨이 호텔을 연다는, 믿기지 않는 소식이 떡하니 올라와 있는 것이 아닌가! 캘리포니아에 있는 휴양지 팜 스프링스에 실제로 문을 연 이 호텔에서는 어디서 무엇을 하든 타코벨을 경험할 수밖에 없다. 타코벨의 브랜드 이미지를 형상화한 객실에서는 언제든 룸서비스로 타코벨의 메뉴를 주문할 수 있다. 수영장에는 타코벨의 소스 봉지를 본따 만든 거대한 튜브가 있고, 네일 바에 가면 손톱에 타코 모양 네일아트를 해준다. 호텔 내 기프트 숍에서는 어디서도 살 수 없는 타코벨 한정 굿즈를 판매한다. 알고 보니 이는 타코벨이 준비한 이벤트로, 단 5일간만 운영되는 호텔이었다. 예약이 시작된 지 2분 만에 객실이 모두 매진됐고, 덕분에 타코벨은 언론과 대중의 눈길을 끄는 데 성공했다. 특히 이벤트 종류 후 타코벨이 정말로 호텔 사업에 뛰어들 것인지에 대한 관심이 뜨거웠다. 이에 타코벨은 일회성 이벤트일 뿐이라는 입장을 표했다.

포숑, 호텔 객실 안에서 프랑스의 맛을 선사하다

이처럼 식음료 브랜드가 호텔을 프로모션에 활용하거나 직접 운영하는 일은 최근 들어 자주 보이는 현상이다. 2020년 1월, 초콜릿 잼으로 유명한 누텔라Nutella 역시 캘리포니아 나파 밸리에 '호텔라 누텔라Hotella Nutella'라는 이름의 팝업 호텔을 열어 3일간 운영했다. 호텔의 로비부터 객실까지 누텔라 테마로 꾸며진 이 호텔에는 딱 3팀만 묵을 수 있다. 그 선발 방식이 인상적이었는데, 지원자들은 호텔라 누텔라의 공식 웹사이트를 통해 누텔라를 활용한 창의적인 아침 식사 레시피 영상을 제출해야 했다. 이 역시 온라인 마케팅 효과를 노린 이벤트라 볼 수 있겠다. 호텔이 단순한 숙박 시설을 넘어 총체적인 경험을 제공하는 공간이 되면서 여행업과 직접적인 관련이 없던 브랜드들도 호텔을 새롭게 바라보기 시작했다.

이를 설명하기에 적합한 사례로 프랑스를 대표하는 미식 브랜드 포숑Fauchon이 있다. 2018년 9월에 '포숑 로텔 파리Fauchon L'Hôtel

Paris'를 오픈하면서 포숑은 본격적으로 호스피탈리티 사업에 뛰어들었다. 1886년 설립되어 오랜 역사를 자랑하는 포숑이 자사의 브랜드 가치를 경험하고 고객 참여를 유도하는 새로운 방법으로 호텔을 선택한 것이다. 이미 식료품 생산과 요식업에서 탄탄한 인지도를 가진 포숑이 호텔을 차린 이유는 무엇일까? 그 배경에는 다른 호텔들이 쉽게 만들 수 없는 차별화된 경험을 제공하겠다는 의지와 전략이 있다. **호텔을 통해 '포숑이 만든 프랑스의 맛있는 음식을 멋진 객실에서 즐긴다'와 같이 기존의 브랜드에서 확장된 새로운 경험을 창출하겠다는 것이다.**

포숑 호텔은 객실의 가구 배치부터 철저히 '미식'을 기준으로 설계되어 있다. 일반적인 호텔 객실에서는 업무 처리용 책상의 비중이 크고 이외에는 작은 티 테이블을 놔두는 것이 전부지만, 포숑의 호텔은 창밖 풍경을 즐길 수 있도록 놓인 식사용 테이블이 객실의 중심이다. 객실에 놓인 태블릿 PC로 룸서비스를 주문하면 우아한 프렌치 코스 요리가 눈앞에 펼쳐진다. 이처럼 과감한 호텔 속 미식 서비스는 포숑이 밀레니얼 소비자에게 연연하지 않았기에 가능한 일이었다. 최근 호텔 업계가 밀레니얼 소비자를 잡기 위해 치열한 경쟁 중인 것과는 달리, 포숑 호텔의 주된 소비자는 여행 산업에서는 '잊힌 세대'가 된 X 세대(주로 1970년대생)다. 밀레니얼 세대를 타깃으로 한 호텔들은 로비와 라운지에 '쿨'하고 '힙'한 온갖 요소들을 몰아넣는 대신 객실을 점점 단조롭게 만드는 추세다. 심지어 호텔 객실의 필수 요소처럼 여겨졌던 미니바마저 생략한 곳도 있다. 반면 포숑 호텔은 경제적으로 안정된 X 세대는 공용 공간(로비)보다 개인 공간(객실)에서 호화로운 경험을 하기를 원한다는 점을 공략했다. 그래서 경쟁 호텔에 비해 객실을 넓게 만들고 송로, 푸아 그라, 마카롱, 샴페인 등을 갖춘 구어메 바Gourmet Bar를 비치했다. 즉, 객실 안에서 프랑스의 미식을 충분히 즐길 수 있도록 만든 것이다.7 파리에 성공적으로 호텔을 오픈한 포숑은 일본 교토에도 호텔을 열 준비를 하고 있다.

무인양품, 브랜드 경험을 위해 호텔을 만들다

2019년 4월, 무인양품은 도쿄 긴자에 일본 최초의 무지 호텔을 선보였다. 역대 최대 규모인 10층짜리 무지 플래그스토어 건물의 6~10층에 호텔을 만든 것이다. 중국 선전과 베이징에 이은 세 번째 무지 호텔인 무지 호텔 긴자는 '미식'을 메인 테마로 잡았다. 이 건물의 1층에는 청과 매장, 주스 스탠드, 티 블렌딩 공방, 베이커리 등 음식과 관련된 매장들이 있다. 한 공간에 식재료부터 가공, 완제품까지 모두 어우러져 있다는 점이 신선하다. 그동안 무인양품은 레스토랑, 서점 등을 운영하며 자신들이 제안하는 라이프스타일의 가치를 전달해왔다. 무지 호텔은 그 연장선상에 있는 것으로 보인다.

> 도쿄에 있는 무지 호텔 긴자의 로비. 로비에 도서관을 조성해 투숙객이 아닌 일반 방문객들도 호텔에 머물며 브랜드를 경험하도록 유도했다.

무지 호텔 긴자가 오픈되고 한 달쯤 지났을 때, 그곳에 다녀오려 알아본 적이 있다. 그런데 이미 수개월치 객실 예약이 거의 완료됐고 남은 객실은 가격이 너무 오른 상태였다. 그래서 아쉬운 대로 호텔이 있는 플래그스토어와 호텔 로비만 둘러봤다. 로비에 도서관이 있는 것이 독특했는데, 투숙객이 아니더라도 누구나 책을 읽고 커피를 마실 수 있었다. 투숙 여부와 관계없이 모든 방문객의 체류 시간을 늘리기 위해 세밀하게 신경 쓴 흔적이 엿보였다.

루이비통모에헤네시(이하 LVMH)는 루이비통, 지방시, 겐조, 펜디 등 이름만 대면 모두가 알 법한 럭셔리 브랜드들을 거느린 세계적인 명품 그룹이다. 의류, 보석, 주류 등 여러 분야를 넘나들며 계속해서 확장을 거듭하던 LVMH는 2011년에 이탈리아의 주얼리 브랜드 불가리를 인수했다. 그저 명품 주얼리 브랜드로서 불가리가 지닌 가치만 보고 내린 결정은 아니었다. 당시 불가리는 밀라노와 발리에 자체 브랜드의 호텔을 보유하고 있었고, 이듬해인 2012년에는 런던에도 호텔을 오픈할 예정이었다. LVMH는 불가리에게서 럭셔리 브랜드만의 하이엔드 경험을 직접 제공하는 호텔 사업의 가능성을 발견한 것이다. 이어서 2018년에는 영국의 호화 호텔 업체 벨몬드Belmond를 인수함으로써 호텔 업계 진출을 본격화하기도 했다. 《월스트리트저널》은 이 인수를 럭셔리 여행의 호황이 시작된다는 신호로 해석하며, 고급 시계와 같은 재화로서의 명품보다 '명품 경험'을 원하는 젊은 소비자들을 끌어당기려는 전략이라고 덧붙였다.8 아직 한국에는 온전히 브랜드 경험을 제공하기 위해 만들어진 호텔이 많지 않다. 그럼에도 이 분야로 선두 주자로 나선 업체가 있으니, 호텔 '라 까사'를 운영 중인 가구 업체 까사미아다. 라 까사에 투숙하는 손님들은 자연스레 까사미아의 가구들을 체험하게 된다. 아웃도어 브랜드가 만든 아웃도어 테마 호텔도 있다. 제주도 협재 해변 부근에 있는 홀라인 호텔이다. 이 호텔 내에는 아웃도어 라이프스타일 편집숍인 홀라인에서 판매하는 다양한 캠핑 상품들이 진열되어 있다.

타코벨과 누텔라의 팝업 호텔이나 무인양품의 무지 호텔이 밀레니얼 세대의 마음을 사로잡은 것은 여행 업계에게 새로운 질문을 안겨주었다. 지금의 호텔과 여행업은 소비자가 열광할 만한 경험을 제공하는가? **앞으로 여행자들은 '공유하고 싶은 경험'과 '새로운 소속감'을 선사하는 브랜드와 그 제품에만 지갑을 열 것이다. 이는 여행만이 아닌 모든 소비의 영역에서 절대적인 기준으로 작용할 것으로 예상된다.** 또한 새로운 여행자들은 지금처럼 업체의 공식 채널에 업로드된 잘 다듬어진 사진이나 영상보다는 그곳을 직접 경험한 블로거나 유튜버의 생생한 후기를 먼저 찾아보고 신뢰할 것이다. 한때 여행지의 인기를 견인했던 TV 여행 예능 프로그램마저도 2019년을 기점으로 영향력을 점차 잃어가고 있으며,

소셜미디어가 그 자리를 대체하고 있다. 오늘날의 미디어 소비자는 누구보다 빨리 연출된 경험을 걸러내므로, 이는 필연적 결과라고 봐도 무방하다. 《경험은 어떻게 비즈니스가 되는가》의 저자 브라이언 솔리스는 "이제 제품이 아닌 경험 그 자체가 상품이다"라고 말했다. 포숑과 무인양품의 호텔을 보면 고객 경험 콘텐츠가 모든 것을 압도하는 시대가 이미 우리의 코앞에 와 있음이 새삼 실감된다.

여행 브이로그,
새로운 시장으로 떠오르다

>

와이키키 한복판의 핑크색 호텔, 더 로얄 하와이안 리조트는 91년의 역사를 가진 역사적인 건축물이며 수많은 관광객의 사진 촬영 명소로도 유명하다. 이 호텔에 체크인을 하면서 객실 키와 함께 받은 카드에는 리조트 피resort fee(객실료 외에 추가로 지불한 서비스 비용)에 포함된 혜택이 적혀 있었다. 그중 투숙객에게 액션캠 고프로GoPro를 대여해준다는 문구를 발견하고 깜짝 놀랐다. 이렇게 오래된 호텔에서 최신 촬영 장비를 빌려준다니, 기대하지 않았던 서비스다. 알고 보니 이 리조트가 속해 있는 메리어트 인터내셔널이 고프로와 협약을 맺고 2015년부터 미국 소재 호텔에 한해 시행 중인 서비스였다. 투숙객이 호텔에서 고프로를 빌려 촬영한 사진을 자신의 소셜미디어에 올리면 메리어트 호텔의 온라인 매거진에 소개하고 경품을 주는 이벤트를 하기도 했다. 이처럼 액션캠 대여 서비스는 투숙객이 자발적으로 호텔 내에서의 여행 콘텐츠를 더 많이 생산하도록 촉진하는 효과가 있어 호텔 입장에서는 고객 만족도와 홍보라는 두 마리 토끼를 모두 잡는 셈이다.

액션캠의 대중화가 여행 브이로그에 미친 영향

2018년에 개최된 '글로벌 투어리즘 서밋'에서 구글이 발표한 자료에 따르면 유튜브에서 여행 브이로그 콘텐츠가 재생된 총시간이 최근 2년 사이에 6배나 증가했다고 한다. 즉, 유튜브를 통해 타인의 여행 모습을 시청하는 시간이 폭발적으로 늘어나고 있다는 것이다. 대중들이 선호하는 여행 콘텐츠가 사진에서 영상으로 옮겨가면서, 촬영 장비의 트렌드도 DSLR이나 미러리스와 같은 사진 중심의 카메라에서 영상 중심의 액션캠으로 바뀌었다. 액션캠은 손 떨림 방지 기능이 있고 부착 및 휴대가 편리하기 때문에 여행이나 아웃도어 활동 중 사용하기에 최적화된 카메라다. 고프로의 창업자 닉 우드만Nick Woodman은 2001년에 발리에서 여행을 즐기다 '서핑할 때 손목에 착용할 수 있는 카메라는 왜 없을까?'라는 의문을 가지게 된 것을 계기로 고프로의 초기 모델을 고안해냈다. 그러니 액션캠은 여행자를 만들어진 촬영 장비라고 해도 과언이 아니다.

여행 산업의 지속적인 성장과 영상 기록을 원하는 수요층의 급증이 맞물리면서 고프로는 미국 액션캠 시장의 95%를 점유할 만큼 업계를 선도하는 브랜드로 발돋움했다.[9] TV 여행 예능 프로그램이나 유튜브의 여행 전문 채널에서 액션캠을 이용해 여행지의 일상을 찍거나 역동적인 아웃도어 액티비티를 생동감 넘치게 담는 것은 일종의 공식이 된 지 오래다. 내가 해외 행사를 다니며 만난 여행 인플루언서들 중에서도 유튜브 채널을 운영하는 이들은 무조건 고프로를 가지고 있었다. 하지만 2016년을 기점으로 고프로는 적자에 시달리며 고전을 면치 못하는 모습이다. 스마트폰의 영상 촬영 성능이 빠른 속도로 발전 중인 데다가, 샤오미를 비롯한 중국의 중저가 브랜드가 고프로의 시장점유율을 빼앗고 있기 때문이다. 여기에 촬영 장비의 무게중심을 잡아주는 도구인 짐벌gimbal의 발달도 한몫했다. 과거에는 짐벌이 전문가용 장비라는 인식이 강했으나 최근 중저가 제품이 쏟아져 나오면서 대중화되기 시작했다. 평범한 디지털카메라나 스마트폰을 사용하더라도 짐벌을 장착하면 액션캠처럼 흔들림 없는 영상을 찍을 수 있어 여행 영상을 찍고자 하는 이들에게는 필수 장비로 꼽힌다. 그 여파로 액션캠의 수요가 줄어든 것은 당연한 일이다.

고프로를 드는 대신 드론을 날리는 여행자들

여행 영상에도 트렌드가 있다. **얼마 전까지 사람의 눈높이와 비슷한 관점에서 찍은 액션캠 영상이 트렌드의 중심에 있었다면, 지금은 드론을**

활용해 공중에서 내려다보며 평소에는 볼 수 없는 환상적인 전경을 담는 것이 대세다. 세계 각국의 관광청이 공식적으로 발표한 관광 프로모션 영상에서도 드론으로 촬영한 장면이 들어가지 않은 것은 찾아보기 어려울 정도이니 대세라고 할 만하다. 이러한 흐름은 유튜브에서도 엿볼 수 있다. 유튜브의 여행 콘텐츠도 드론의 사용 여부에 따라 완성도가 달라지기 때문에 드론샷을 차별점으로 내세우는 여행 유튜버도 적지 않다. 현재 중저가 드론 시장을 장악하고 있는 것은 단연 디제이아이DJI다. 중국의 드론 생산 업체인 디제이아이는 드론 시장에 출사표를 던졌던 고프로가 막대한 적자를 내며 물러나게 한 장본인이기도 하다. 미국의 언론 매체 《복스》의 보도에 따르면 미국에서 사용되는 중저가 드론의 절반 이상이 디제이아이의 제품이라고 한다. 1,500명이 넘는 연구진이 개발한 막강한 기술력과 중국의 저렴한 인건비를 무기로 디제이아이는 제품 출시 1년 만에 판매가를 70% 가까이 떨어뜨리며 경쟁사가 버틸 수 없게 만들었다. 또한 짐벌의 대중화에도 크게 기여했다.

디제이아이의 여러 제품군 중 눈여겨봐야 하는 것은 개인용 드론인 매빅 시리즈와 액션캠인 오즈모 시리즈다. 디제이아이가 이 두 제품군을 홍보하는 방식을 보면 '여행'이 드론과 액션캠 구매의 중요한 동기라는 점이 드러난다. 디제이아이 코리아의 공식 페이스북에는 '전 세계 여행자들이 세계에서 다섯 번째로 많이 찾는 나라, 이탈리아. 오즈모 포켓&매빅 에어와 함께한 이탈리

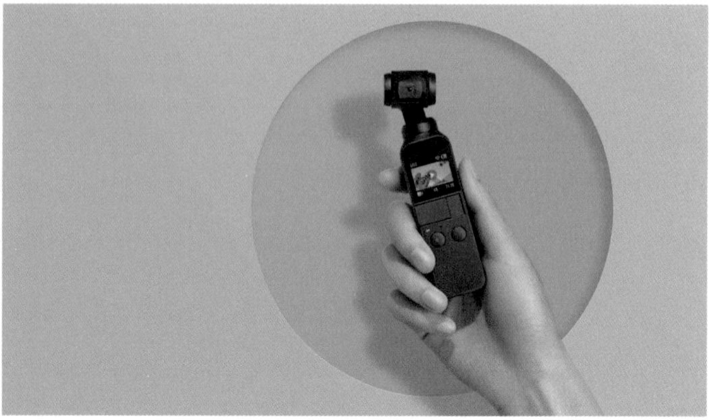

출처: 디제이아이 유튜브

> 휴대성을 극대화한 디제이아이의 초경량 액션캠 '오즈모 포켓'. 짐벌과 카메라를 결합해 흔들림 없이 편하게 영상을 찍을 수 있다.

아 여행을 지금 바로 영상으로 확인해보세요!'와 같은 국가별 여행 영상과 '오즈모 포켓의 스토리 모드를 활용해 더욱 특별한 여행 추억을 만들어보세요!'처럼 여행에 필요한 제품의 기능 알려주는 노하우 영상이 다양하게 업로드되어 있다. 또한 공식 블로그를 통해 'DJI 드론과 함께 당신의 여행을 업그레이드하는 팁'이라는 칼럼을 연재하며 여행용 드론을 별도로 소개하기도 한다. 여기서 알 수 있는 사실은 디제이아이가 드론과 액셤캠을 구매하는 소비자들의 주요 목적이 무엇인지 정확히 인지하고 있다는 것이다. 이 점은 디제이아이의 제품에도 반영됐는데, 휴대성을 극대화하고 흔들림 보정 기능을 강화함으로써 여행 콘텐츠의 완성도를 높이는 데 집중했다.

그렇다면 여행 콘텐츠 제작자가 액션캠이나 드론과 같은 첨단 촬영 장비를 이용해 영상을 촬영하려는 이유는 무엇일까? 밀레니얼 세대에게는 '인스타그램에 올릴 가치가 있는Instagram-worthy' 사진을 남기는 것이 여행의 중요한 목적 중 하나다. 《포브스》가 보도한 영국의 한 설문조사 결과에 따르면 18~33세 응답자의 40%가 여행 목적지를 선택하는 기준으로 '인스타그래머빌리티Instagrammability'를 택했다. 요즘 젊은이들은 인스타그램에서 나를 돋보이게 해주는 여행지를 가장 선호한다는 뜻이다.[10] 그렇다 보니 인스타그램이나 유튜브에 올라온 타인의 멋진 영상과 사진을 보면 '저 장소에 나도 가고 싶다'는 강력한 동기를 부여받게 된다. 여행자에게 실질적 영향력을 미치고자 하는 개인이나 기업의 경우 차별화된 영상을 제작할 수 있는 장비의 사용은 이제 선택이 아닌 필수가 됐다. 이를 증명하듯 고프로의 부진과는 별개로 전 세계 액션캠과 취미형 드론 시장은 계속해서 고속 성장 중이다. 2016년에 110만 대 규모였던 미국의 취미형 드론 시장은 2020년에 약 3배 이상 증가할 것으로 예측된다.[11] 이처럼 여행과 사진, 여행과 영상은 떼려야 뗄 수 없는 관계에 놓였다. 따라서 앞으로도 여행 문화의 변화는 사진과 영상의 촬영 방식을 바꿔놓게 될 것이다. 촬영 장비 관련 업계 종사자들이 여행 시장을 주시해야 하는 이유가 바로 여기에 있다.

몸의 건강에서 정신의 건강으로

- 마인드풀니스와 여행

>

하와이 호텔의 역사를 논할 때 더 로얄 하와이안 리조트와 함께 반드시 언급되는 호텔이 있다. 1901년에 문을 연 모아나 서프라이더 어 웨스틴 리조트 앤드 스파로, 자그마치 120년에 가까운 역사를 자랑한다. '와이키키의 퍼스트 레이디'라는 애칭을 가진 이 오래된 호텔은 메리어트 인터내셔널 계열의 호텔 브랜드 웨스틴Westin과 만나 21세기형 호텔로 다시 태어났다. 웨스틴의 브랜드 정체성은 '웰니스wellness'인데, 특히 무브 웰Move well, 즉 운동을 휴식의 한 형태로 제안한다. 웨스틴 호텔의 투숙객이 호텔 내 피트니스 센터 '웨스틴 워크아웃'을 이용하고 싶은데 깜박 잊고 운동화를 챙겨오지 않았다면? 객실에서 전화 한 통만 걸면 뉴발란스의 운동복과 운동화를 단돈 5달러에 대여할 수 있다.

나는 운동하기 위해 여행한다, 웰니스 투어리즘

웨스틴 호텔이 뉴발란스와 손잡고 운동복 및 운동화 대여 서비스를 제공할 만큼 투숙객의 운동 환경에 신경 쓰는 이유는 뭘까? 인터컨티넨탈 호텔 그룹이 웰니스 호텔 체인 이븐Even의 모든 객실에 운동 존을 설치하고 대형 피트니스 센터를 운영하는 이유는 무엇일까?12 이 역시 밀레니얼 세대의 특징과 관련이 있다. 여행 업계의 주요 고객인 밀레니얼 세대는 여행 중에도 건강과 몸매를 유지하고자 하는 니즈가 이전 세대에 비해 훨씬 강하다. 그래서 지금의 여행자에게 건강과 다이어트, 스파와 휴식 등을 아우르는 웰니스는 갈수록 핵심적인 여행 목적으로 떠오르고 있다. 지난 2018년 글로벌웰니스협회Global Wellness Institute가 발표한 통계자료에 따르면, 웰니스 투어리즘 시장의 성장률은 기존 관광 산업(3.2%)보다 2배 이상 높은 6.5%를 기록했다. 또한 2017년에 6,390억 달러 규모였던 웰니스 투어리즘 시장은 2022년이 되면 9,190억 달러 규모로 커질 전망이다. 게다가 웰니스 목적으로 외국을 방문하는 여행자는 관광 목적의 여행자에 비해 53%나 더 많은 돈을 쓴다.13 이렇다 보니 전 세계 여행 업계가 웰니스에 주목할 수밖에 없다.

웰니스 투어리즘을 이끄는 밀레니얼 세대는 스스로의 만족만을 위해 운동하지 않는다. 앞서 여행 브이로그의 열풍에서 본 것처럼 웰니스는 '인스타그램에 올릴 만한' 라이프스타일 중 하나다. 이제 호텔 업계에서도 고작 러닝머신 몇 대 설치해두고 피트니스 센터라고 간판을 붙여놓던 시대는 지나갔다고 이야기한다. 그 결과 세계의 호텔들은 개인의 건강정보를 분석해주는 첨단 운동기구는 물론이고, SNS에 공유할 만한 운동 시설들을 경쟁적으로 갖추고 있다. 시애틀에 있는 킴튼 알렉시스 호텔의 피트니스 센터 안에는 인공 암벽이 설치되어 있고, 애리조나주의 힐튼 세도나 리조트에는 거대한 타이어와 로프 등이 갖춰진 야외 크로스핏 트레이닝 운동장이 있는 것이 대표적 사례다. 이와 같은 웰니스 트렌드는 관광이 아닌 삶의 질을 높이기 위해 떠나는 최근의 여행 소비 패턴을 반영한다. 그래서 여행자들이 웰니스 여

출처: 킴튼 알렉시스 호텔

> 킴튼 알렉시스 호텔 내에 조성된 피트니스 센터. 인공 암벽을 비롯해 각종 전문 운동기구가 구비되어 있어 투숙객은 원하는 운동을 자유롭게 즐길 수 있다.

행에서 추구하는 목적도 신체적 건강 관리를 넘어 정신적 만족감을 충족시키는 방향으로 확장되고 있다.

이제 젊은 여행자들도 마음의 휴식을 원한다

앞서 미식 관광을 소개할 때 채식주의와 같은 건강한 식습관과 삶의 방식을 배우기 위해 여행을 떠나는 이들을 새로운 여행 문화의 한 조류로서 살펴봤다. 이러한 식문화 트렌드는 몸과 정신을 함께 수련하는 요가나 명상과 자연스럽게 결합해 정신적 피로감과 번아웃에 시달리는 현대인에게 중요한 여행 목적이 되고 있다. 내면을 돌보는 일련의 행위를 일컫는 '마인드풀니스mindfulness'가 바로 그것이다. 여행 업계가 이러한 흐름을 놓칠 리가 없다. 에어프랑스는 명상 애플리케이션 마인드Mind와 협력 관계를 맺고 기내 불안감은 낮춰주는 명상 과정을 기내 엔터테인먼트 콘텐츠로 제공한다. 캐세이퍼시픽항공도 요가 전문 업체와 함께 제작한 기내 요가 및 명상 프로그램을 탑재했다. 2019년 영국 런던에서는 마인드풀니스를 테마로 한 호텔 인해빗Inhabit이 문을 열었다. 이 호텔의 프런트에는 유명 심리학 코치의 명상 프로그램을 경험할 수 있는 메디테이션 팟Meditation Pod이 설치되어 있고, 채식 위주의 건강한 음식들을 선보인다.

마인드풀니스 트렌드를 보다 총체적으로 경험해보고 싶다면, 요가를 중심으로 한 글로벌 웰니스 축제 '원더러스트Wanderlust'가

제격이다. 미국의 건강정보 매체《웰 앤드 굿》이 '2019년의 여행 트렌드를 알고 싶다면 원더러스트에게 물어보라'라고 할 정도로 원더러스트는 세계적인 인기를 얻고 있다. 요가와 필라테스, 스파를 즐기고 신선한 음식을 먹으며 몸과 마음을 동시에 치유하는 이 축제는 마치 1960~70년대를 휩쓸었던 히피즘의 부활처럼 보이기도 한다. 2009년에 미국 캘리포니아의 스쿼 밸리Squaw Valley에서 시작한 원더러스트는 해를 거듭하면서 미국을 넘어 독일, 프랑스, 영국 등 17개국의 49개 도시에서 열리는 글로벌 페스티벌로 자리 잡았다.

원더러스트는 크게 '원더러스트 페스티벌'과 '원더러스트 108'로 나뉜다.14 도심 속 공원에서 열리는 것이 특징인 원더러스트 108은 세계 유일의 '마인드풀 트라이애슬론(철인 3종 경기)'이다. 수영, 사이클, 마라톤으로 구성된 기존의 철인 3종 경기가 체력 향상에 집중한다면, 마인드풀 트라이애슬론은 요가, 달리기, 명상으로 구성되어 신체뿐만 아니라 내면에도 초점을 맞춘다. 메인 행사인 원더러스트 페스티벌은 좀 더 규모가 크다. 하루 혹은 이틀에 걸쳐 진행되며, 약 50개의 프로그램들이 축제장 곳곳에서 동시다발적으로 열린다. 요가나 필라테스 외에 페인팅 테라피, 사운드 배스sound bath(마음을 차분하게 해주는 소리와 함께하는 명상) 등 세계에서 화제가 된 마인드풀니스 체험들도 다수 포함되어 있다. 지난 2019년, 한국에도 원더러스트가 상륙했다. 서울 난지한강공

> 2019년 8월, 서울 난지한강공원에서 열린 '원더러스트 코리아'. 웰니스 라이프를 추구하는 3,000여 명의 사람들이 한자리에 모였다.

원에서 열린 '원더러스트 코리아'에 직접 참가해봤는데, 미국의 유명 요가 강사의 프로그램에서 명상 음악 대신 역동적인 케이팝 음악을 사용해 놀랐다. 각국 젊은이들의 취향에 맞게 현지화 localization에도 세심하게 신경 쓴 모습이었다. 이를 보며 원더러스트가 글로벌 축제로 성장할 수 있었던 이유를 짐작할 수 있었다.

심신의 균형을 추구하는 라이프스타일은 밀레니얼 세대를 지나 Z 세대(16~24세)의 여행에도 중요한 가치로 작용할 것이다. 2016년 11월에 현지 체험 프로그램을 예약할 수 있는 체험 서비스를 시작한 에어비앤비는 2017년에서 2018년 사이 '건강& 웰니스' 카테고리의 예약률이 무려 500% 이상 급증했다고 발표했다. 에어비앤비에서 예약할 수 있는 웰니스 상품은 대부분 요가와 명상, 산림욕, 온천 등이다. 에어비앤비 측은 지난 2년 동안 이 웰니스 상품을 가장 많이 예약한 계층은 60대 이상의 노년층과 Z 세대라고도 밝혔다. 또한 이 두 연령대의 웰니스 여행 예약은 2018년에 전년 대비 800%가 넘게 증가했다고 한다.**15** 이러한 분석 결과는 시간이 더 흘러 Z 세대가 여행 소비를 주도하게 되더라도 웰니스의 중요성은 줄어들지 않을 것임을 보여준다. **건강관리를 삶의 주요 가치로 인식하는 노년층의 웰니스 여행은 사실상 의료 관광에 가까운 경우가 많다. 이와는 달리 젊은 층의 웰니스 여행에는 감정과 지식 노동으로 인한 정신적 피로를 해소하고자 하는 욕구가 크게 반영되어 있다.** 따라서 기술의 발전으로 인간의 단순노동이 기계로 대체된 대신, 더 많은 정신노동이 요구될 미래에는 웰니스 여행 시장이 계속 커질 것으로 예상된다.

CHAPTER 5

여행에서 새로운 기회를
찾고 싶은 이들에게

여행 인플루언서, 여행하며 일하는 삶을 실현한 사람들

>

여전히 한국에서는 '여행 블로거'나 '여행 콘텐츠 크리에이터'라고 하면 정식 직업이 아닌 부업이나 한때 반짝하고 마는 유행이라는 이미지가 강하다. 하지만 미국과 유럽에서는 여행 콘텐츠 제작자들이 어엿한 미디어 파워를 가진 직업군이며, 그저 공짜로 전 세계를 여행하기만 하는 것이 아니라 여행 업계에서 엄청난 수익을 창출해낸다. 최근 몇 년 간 세계 각국의 여행 업계 행사에 참가하면서 나는 종종 다른 나라의 여행 인플루언서들과 이야기를 나눴다. 그때마다 놀라웠던 것은 돈을 버는 규모나 방법, 직업적 만족감 등이 한국의 상황과 매우 다르다는 사실이었다. 어쩌면 이들이야말로 일반인이 알 수 없는 행복과 혜택을 누리고 있겠다는 생각마저 들었다. 흔히 말하는 것처럼 '다른 세상'에 사는 사람들인 셈이다. 지금까지 내가 만났던 여행 인플루언서들과의 대화와 인터뷰를 바탕으로 이들이 세계 여행 업계에서 쥐고 있는 무기는 무엇인지 세 가지로 정리해봤다.

뚜렷한 업계 기여도와 직업적 자부심

지금까지 국내에서는 여행 관련 기업(관광청, 여행사 등)이 블로거와 협업할 때 여행 실비만 부담하고 콘텐츠의 대가는 제대로 쳐주지 않는 관행이 오랫동안 정착돼왔다. 블로거 입장에서는 여행을 많이 한다는 만족감은 느낄지 몰라도 지속 가능한 비즈니스로 발전시킬 콘텐츠를 내놓기는 어려운 구조다. 한국에 여행 블로그 시장이 활성화된 지 10년이 넘었음에도 수많은 공짜 여행의 결과물을 직업의 영역으로 전환시킨 사례가 전무한 것은 이런 문제에 기인한다. 여행작가도 다르지 않다. 출판사가 가이드북 제작에 필요한 출장 비용조차 지원해주지 않아 작가가 개인 자금을 동원해 여행을 가고 자료를 조사해서 책을 완성해야 하는 경우가 태반이다. 그렇다면 외국의 사정은 어떨까?

2017년 'MATKA 노르딕 트래블 페어'에서 여행 산업에 종사하는 이들을 위한 컨퍼런스가 열렸다. 이 자리에 초청된 리브쉐어트래블Livesharetravel의 운영자 사라 리Sarah Lee는 여행 미디어의 힘과 입장을 대변하는 메신저로 널리 알려진 강연자다. 그녀는 세계 각국의 관광청으로부터 받은 지역 마케팅 제안들을 자신이 독점하는 것이 아니라, 각 캠페인에 어울릴 만한 블로거를 모으고 이들이 만들 콘텐츠의 예산 편성을 관광청 측에 역으로 제안하여 프로젝트의 규모를 키운다. **이처럼 해외 블로거들은 비즈니스 마인드를 바탕으로 업계에서 자신의 역할을 찾아내고 능동적으로 수익 모델을 만들어간다.** 덕분에 외국에는 각국의 관련 캠페인 프로젝트를 따내기 위해 단체로 움직이는 국가별 블로거 연합이나 협회가 활발히 움직이고 있다. 예를 들면 북유럽 5개국의 여행 블로거들은 노르딕티비NordicTB라는 단체를 만들어서 유럽 전역의 취재권을 얻어내고, 그리스의 여행 블로거들은 트래블 블로거스 그리스Travel bloggers Greece를 조직해 그리스의 여행 콘텐츠를 조직적으로 생산한다. 또한 사라처럼 전 세계를 돌며 콘텐츠 생산자의 입장을 대변하고 업계에 새바람을 일으키는 강연가들이 다수 포진해 있다.

2017년 참가했던 NBE의 프로그램 중에는 전 세계 여행 블로거들의 자기계발과 수익 창출을 위한 교육 프로그램도 여럿 있었는데, 나는 그중에서 유튜브 수업을 수강했다. 이 수업을 진행한 데이비드스빈히어David's been here의 운영자 데이비드 호프만은 "협찬 여행만으로는 돈(직업)을 벌 수 없다"고 명확히 선을 그었다. 그는 자신의 채널도 처음에는 아무런 반응을 이끌어내지 못했는데, 어느 와이너리(포도주 양조장)를 소개하는 영상 제작을 의뢰받으면서 첫 수익을 낼 수 있었다고 덧붙였다. 이후 데이비드

> 2017년 MATKA 노르딕 트래블 페어에서 '유튜브로 수익 창출하기'를 주제로 강연 중인 데이비드 호프만.

는 470만 명의 구독자를 보유한 유명 미식 유튜버 마크 와인 등으로부터 영향을 받아 꾸준히 여행 영상을 제작했다고 한다. 내가 데이비드 호프만을 처음 알게된 2017년 1월에 3~4만 명 수준이었던 그의 유튜브 채널 구독자 수는 3년 만에 10배 이상 늘었다. 그는 유튜브 세계에서는 콘텐츠를 꾸준히 올리는 것 외에는 어떠한 지름길도 없으며, 다양한 채널을 보면서 자신에게 맞는 영상 스타일을 찾는 것이 중요하다고 조언한다. 여행 콘텐츠 제작을 '제1의 직업'으로 삼은 데이비드 호프만은 지속 가능한 수익을 창출하며 세계에 자신의 존재감을 알려가고 있다.

저마다 다른 특색을 지닌 '나'라는 브랜드

세계적인 여행 블로거들의 가장 큰 특징은 '브랜딩'이다. 이들은 자신을 정의하는 것으로부터 독자적인 미디어를 출범시킨다. 캐릭터도 확실하고 독자 타깃도 좁고 뚜렷하며, 협업을 위해 방대한 인적 네트워크를 구축한다. 같은 지역을 여행해도 만들어내는 생산물은 저마다 다르다. 마치 모든 노래를 자신만의 스타일로 재해석하는 가수처럼, 이들은 자신의 여행을 '나답게' 보여주는 방식을 누구보다 잘 안다. 이들은 다양한 콘텐츠 전달 방식 중에서 자신의 콘텐츠에 가장 적합한 것을 선택한다. 드론 영상, 타임랩스, 긴 글 콘텐츠, 팟캐스트, 페이스북, 유튜브 등 각자 다른 특성을 지닌 채널을 고르고 꾸준히 자신의 브랜드를 만들어간다.

지난 2017년, 메콩 투어리즘(캄보디아, 라오스, 미얀마, 태국, 베트남, 중국 윈난 등 메콩강 유역의 6개국이 모여 만든 관광 협력체)에서 개최한 포럼에 참석하기 위해 라오스를 방문했다. 이 포럼에 연사로 참여한 세계적인 여행 블로그 아이엠에일린Iamaileen의 운영자 에일린은 자신의 협업 기준을 설명하며, "블로거는 자신만의 틈새 시장을 가지고 있고, 각자 독창적인 방식으로 여행 콘텐츠를 만듭니다. (기업이) 단순히 방문자 수나 조회 수만 보고 블로거를 고른다면 적절한 파트너를 찾기 어려울 겁니다"라고 조언했다. 더불어 효과적인 블로거 마케팅 방법이 무엇인지 묻는 한 여행업 종사자에게는 콘텐츠 생산자에게 자유를 보장해야 좋은 결과를 얻을 수 있다고 답했다. 해외의 콘텐츠 생산자들이 '나다움'을 얼마나 중요시하는지 드러나는 대목이다.

여행 미디어의 대세가 블로그에서 유튜브로 기울고 있는 것은 해외시장도 마찬가지다. 유튜브에 들어가 조금만 살펴보면 여행 콘텐츠의 다양한 스타일들을 확인할 수 있다. 더 트래블 브이로거처럼 드론 촬영을 기반으로 내레이션을 입힌 트래블 쇼 유형, 마크 와인처럼 식당과 그곳의 메뉴를 자연스럽게 소개하는 리포터 유형, 헤이 나딘처럼 실내에서 수다를 떠는 브이로그 유형 등이 대표적이다. **중요한 건 유튜브든 블로그든 자신의 정체성이나 성격과 잘 맞는 포맷을 찾아야 스스로 즐기면서 오랫동안 운영할 수 있다는 것이다.** 또한 콘텐츠 수가 기하급수적으로 증가할 미래에는 개성 넘치는 콘텐츠로 고정 시청자를 확보하는 일이 훨씬 더 중요해질 것이다.

반면 아직까지 한국의 여행 콘텐츠들은 '나'보다 '여행지'에 초점을 맞추고 있다. 창작자가 누구인지 궁금하게 만드는 개성 강한 콘텐츠보다 단순 여행 정보로 채워진 콘텐츠가 훨씬 많이 소비된다. 여행 에세이보다 정보성 가이드북 압도적으로 높은 판매고를 올려온 한국의 여행서 시장만 봐도 이를 알 수 있다. 지난 5년간 여행작가 입문 수업을 진행하며 내가 만났던 수강생들 역시 자신의 이야기를 꺼내놓기보다는 여행지 관련 정보들을 건조하게 나열하는 경우가 많았다. 왜 이런 결과가 나왔는지 원인을 고민해보다가 우리의 교육과정이 독서나 작문 등 생각하는 힘을 기르는 일에 다소 소극적이기 때문은 아닐까 하는 생각이 들었다. 결국 외국과 우리나라의 여행 콘텐츠에 차이가 발생하는 것은 콘텐츠 자체의 문제이기 이전에 생각하는 힘이 부족한 탓이라고 보는 것이 더 정확하겠다.

글로벌화, 혹은 확실한 로컬화

내가 네덜란드에 살든 아프리카에 살든 중국에 살든, 영어로 콘텐츠를 만든다면 전 세계의 구글에서 검색될 것이다. 영어로 운영되는 채널은 전 세계의 여행 업체와 일할 가능성을 지니고 있는 것이라 보면 된다. 그런데 영어로 콘텐츠를 만드는 일이 과연 말처럼 쉬울까? 사실상 이는 네이티브들만의 특권이라고 봐야 한다. 영어를 모국어처럼 구사할 수 없다면 꾸준히 영어 콘텐츠를 생산하기란 현실적으로 어렵다.

그렇다면 한국의 로컬 블로거로서 우리만의 강점을 반드시 찾아야 한다. 앞으로는 유튜브를 메인 플랫폼으로 하는 인플루언서들이 계속 늘어날 것이다. 그렇게 되면 네이버와 같은 포털 사이트에 갇혀 있던 한국인들의 여행 콘텐츠가 세계적으로 소비될 확률도 높아질 것으로 전망된다. 하지만 잊지 말아야 할 것은 유튜브든 블로그든, 영상이든 텍스트든 좋은 콘텐츠는 생각하는 힘에서 나온다는 사실이다.

여행 콘텐츠로 먹고살고 싶다면 알아야 하는 것

>

나는 보통 1년에 2~3회, 2주에서 한 달에 걸친 긴 여행을 떠난다. 호텔, 행선지 등 일정의 모든 것을 내가 결정하기 때문에 어떤 기준에서는 여행이 맞다. 하지만 업계 관계자들과 만나는 자리를 비롯해 각종 미팅들이 촘촘히 예정되어 있으니 어찌 보면 여행이 아닌 것 같기도 하다. 또 한편으로는 누군가에게 고용되어 그 사람의 목적을 이루기 위해 떠나는 것이 아니고 오롯이 나의 성장과 발전을 목적으로 하기 때문에 출장이 아닌 여행이라 보는 것이 더 적합하다. 그럼에도 여행에 들어가는 비용보다 여행에서 얻어오는 것이 훨씬 많다. 한 번의 여행이 끝날 때마다 알찬 인맥이 쌓이고 유용한 정보가 모이며, 본업인 강의의 질도 좋아지게 된다. 나의 모든 여행은 철저하게 목적 지향적이다. 그래서인지 "여행과 일이 분리되지 않아서 힘들지?"라거나 "좋아하는 일을 직업으로 삼는 건 별로이지 않아?"라는 질문을 종종 받는다.

내가 여행을 생산이 아닌 소비의 관점에서만 바라봤다면 여행 인플루언서로서의 삶을 발견할 수 없었을 것이다. 남들처럼 여행을 온전히 즐길 수는 없지만, 그 대신 다양한 보상과 커리어가 돌아온다. 이런 방식이 모든 사람들에게 정답일 수는 없을 것이다. 하지만 지금 어떻게 여행하느냐에 따라 앞으로의 일과 삶이 완전히 달라질 수 있다는 것을 꼭 알려주고 싶다. 특히 20대의 사회초년생에게는 더더욱 그렇다. 그렇다면 여행 분야에서 창의성을 발휘하며 콘텐츠 생산자가 되려면 무엇을 알아야 할까? 역시 세 가지로 압축해 이야기해보려 한다.

여행 '경험'의 가치는 갈수록 낮아진다

2007년, 블로그 1세대인 동시에 블로거를 모셔야 했던 기업 홍보 담당자로 일하면서 나는 일찌감치 여행 콘텐츠 생태계의 생리를 파악하고 기존과는 다른 길로 가기로 마음먹었다. 그때나 지금이나 한국의 콘텐츠 생산자는 국내 기업과 여행사, 대행사와만 협업한다. 포털의 블로거들이 양산해낸 콘텐츠들은 검색 결과로 전락했고, 기업의 협찬으로만 이뤄진 광고 콘텐츠는 아무리 많이 쌓여도 생산자 개인의 커리어에 도움을 주지 못했다. 그런데 거의 모든 블로거가 협찬에만 몰두하던 2010년대 초반, 누구든 저비용으로 여행을 떠날 수 있는 여행 평준화의 시대가 서서히 도래했다. 그렇게 몇 년이 지나자 세계 일주를 다룬 책은 서점에 넘쳐날 만큼 흔해졌고, 여행 블로그나 소셜미디어는 그보다 훨씬 많아졌다. 이제 사람들은 DSLR로 찍은 화려한 사진보다 스마트폰 동영상에 더 큰 관심을 보인다. 올드미디어의 수익 모델은 붕괴됐고, 유튜브가 포털을 뛰어넘을 새로운 검색엔진으로 부상했다. 더구나 한국은 디지털 콘텐츠가 무료로 유통되는 나라다. 이 바닥의 생존 전략은 달라질 수밖에 없었다. 업계에서 영향력을 가지려면 전에 없던 새로운 경쟁력이 필요해진 것이다.

앞으로는 아무리 참신한 여행 경험이라 할지라도 그중 대부분은 콘텐츠로서의 가치가 낮을 것이며, 계속 낮아질 것이다. 단, 여기서 말하는 콘텐츠는 개인의 만족을 위한 콘텐츠가 아닌 여행하며 일하는 삶을 지속할 수 있을 만한 직업적 부가가치를 가진 콘텐츠를 뜻한다. 항공 업계의 경쟁으로 인해 항공권 가격이 저렴해지고, 다양한 플랫폼을 통해 고급 여행 정보를 쉽게 얻을 수 있게 되면서 해외여행의 장벽이 크게 낮아졌다. 때문에 웬만한 여행 경험으로는 콘텐츠 소비자의 흥미를 돋우기 어려워질 것이다.

경험을 풀어놓는 방법이 달라진 것도 여행 경험의 가치가 낮아지는 데 큰 역할을 했다. 대중들이 선호하는 콘텐츠의 형태가 글과 사진에서 영상으로 빠르게 옮겨가면서 기존의 블로거들도 유튜브와 인스타그램으로 이동하고 있다. 하지만 이들이 디지털 네이티브 세대인 10~20대가 만든 영상 콘텐츠에 맞서기란 매우 어렵다. 그런데 플랫폼이나 시장의 변화와는 무관하게 1세대 블로거였던 나는 여전히 전 세계 여행 업계로부터 협업 요청과 각종 지원을 받으며 활발히 활동 중이다. 초창기부터 활동 무대를 한국으로 한정하지 않고 보다 넓은 세상을 상대로 나를 알렸던 것이 지금의 입지를 다지는 데 큰 도움이 됐다. 덧붙이자면 언젠가부터 나처럼 여행하면서 일도 하는 사람들을 디지털 인플루언서, 혹은 디지털 노마드라고 부르기 시작했다.

취향, 안목, 그리고 전문 지식은 갈수록 중요해진다

그렇다면 다가올 미래에는 어떤 여행 콘텐츠가 직업으로서의 부가가치를 가질 수 있을까? 이제 여행은 삶과 분리되어 있는 특별한 여가나 레저가 아니다. 그래서 자신의 라이프 스토리와 전문 지식이 투영된 고유의 여행 콘텐츠가 시장에서 높은 가치를 부여받는다. 여행 전반에 대한 자신만의 통찰력과 인사이트가 있다거나, 자신의 커리어와 관련 있는 전문 테마의 여행을 즐긴다거나 하는 차별화 지점이 있어야 콘텐츠 생산자로 살아남을 수 있다. 나의 경우 여행 콘텐츠를 만들기로 마음먹었을 때부터 1세대 해외여행의 주된 시각인 '배낭여행, 저가 여행, 방랑'의 관점에서 벗어나 새로운 여행을 제시하고 싶었다. 여행을 '라이프스타일'

기반의 여성적인 시각으로 세련되게 조명하고, 첫 저서 《스마트한 여행의 조건》도 이러한 시각에서 집필했다. 운 좋게 유명 화장품 회사에서 첫 직장생활을 시작했고, 이후 팝 음악 평론가로도 활동했던 특이한 이력 덕분에 나의 여행 콘텐츠는 문화와 음악, 요리와 쇼핑에 걸친 다양한 취향과 지식을 아우른다는 특장점을 지니게 됐다.

글로벌 여행 업계의 협업 기준은 매우 냉정하며 명확하다. 그동안 그들이 내게 던졌던 질문은 거의 한결같았다.

"당신은 한국 시장에서 어떤 영향력을 얼마나 발휘하고 있는가? 당신의 콘텐츠는 압도적인 경쟁력을 갖추고 있는가?"

지금 세계적으로 스포트라이트를 받는 글로벌 인플루언서들은 이 질문에 자신만의 대답을 내놓을 수 있었던 사람들이라고 보면 된다. 연예계에서는 무엇이든 차별화된 경쟁력을 지닌 연예인이 높게 평가받는다. 콘텐츠 업계도 마찬가지다. 최근 한국 콘텐츠 시장에서는 젊음과 외모를 내세워 자신의 사생활을 노출하는 브이로그로 빠르게 팬을 확보하는 것이 트렌드라고 할 수 있다. 이 경우 몇 년 정도는 마이크로 인플루언서(수천~수만 명의 충성도 높은 팔로워를 보유하고 이들과 SNS를 통해 소통하는 인플루언서)로 활동할 수 있겠지만 장기적인 직업으로 삼기는 힘들다. 콘텐츠에

'차별성'이 없기 때문이다. 게다가 이러한 트렌드는 처음 등장한 것이 아니다. 과거 싸이월드와 네이버에서도 외모나 사생활을 파는 콘텐츠 생산자가 수없이 많았지만 그것을 직업으로 발전시킨 사례는 극히 드물었다. 너도나도 따라가는 유행에 맞춰 콘텐츠를 만들기보다는 나만이 할 수 있는 것을 찾는 것이 유리하다.

퍼스널 브랜딩은 선택이 아닌 필수

여행 콘텐츠 생산을 자신만의 새로운 길을 개척하는 출발점으로 삼거나, 다른 분야에서 일하면서도 병행할 수 있는 하나의 직업으로 진지하게 생각한다면? 고민해야 할 것은 딱 하나, '내 여행 이야기가 사람들의 관심을 끌고 공감대를 형성하려면 어떻게 해야 할까?'다. 이미 세상에는 여행을 주제로 한 콘텐츠가 넘쳐나기 때문이다. 10년이 넘는 시간 동안 여행 이야기로 콘텐츠를 만들어온 나조차 이 질문에는 선뜻 답하기 어렵다. 그래도 가장 중요한 조건 하나를 고르라면 '브랜딩'을 꼽겠다. 오늘날의 직업 세계에서는 내가 원하는 일을 원하는 곳에서 하는 동시에 높은 부가가치를 창출할 수 있는 직업이 선호된다. 그렇다 보니 내가 하고 있는 일을 잘 포장해서 알리는 브랜딩의 중요성이 갈수록 커지는 중이다. 당연한 이야기지만, 고유한 브랜드를 갖춘 콘텐츠의 가치와 그저 노동력만 제공해 제작한 콘텐츠의 가치가 같을 수는 없다. 그리고 그 차이는 시간이 갈수록 벌어지기 마련이다.

브랜딩을 하는 방식과 전략에는 여러 가지가 있지만, 브랜딩과 관련해 여행 콘텐츠 생산자가 유념해야 하는 것은 자신의 콘텐츠를 '저작권이 있는 고유의 콘텐츠'로 인식하는 것이다. 자신의 여행기를 고유한 콘텐츠로 인식하는 사람은 자신이 사용할 플랫폼을 신중하게 고르고, 자신의 채널을 공들여 가꾼다. 지금도 나는 다른 미디어가 내 콘텐츠를 인용하는 것을 쉽게 허락하지 않는다. 전문가의 시각으로 선별하고 직접 경험한 데다 오랫동안 축적된 호텔 여행 콘텐츠는 희소성이 높다. 그래서 오히려 메이저 미디어가 먼저 나를 찾아내 기고를 청탁하거나 강의를 제안한다. 다시 말해 명확하고 차별화된 브랜딩을 바탕으로 콘텐츠를 기획·제작하고, 내 콘텐츠가 필요한 사람들이 나를 찾아올 수 있도록 노출시키는 것이다. 나의 사례에서 알 수 있듯 콘텐츠를 어떻게 모으고 브랜딩하느냐에 따라 5~10년 후 자신의 커리어가 결정될 수도 있다. 지난 글로벌 행사에서 만난 세계적인 여행 인플루언서들은 유튜브를 블로그만큼 꾸준하게 관리한다. 유튜브도 개인 브랜딩이 가능한 플랫폼이고, 전 세계의 팬을 확보할 수 있는 공간이기 때문이다.

블로그나 유튜브와는 달리 페이스북 기반의 여행 커뮤니티는 일반인의 영상과 여행기를 제보받아 만드는 큐레이션 콘텐츠와 그 콘텐츠로 얻어낸 '구독자'가 주력 사업 모델이다. 이 구독자 수치를 기반으로 광고 영업을 하기 때문이다. 그런데 페이스북의 대표 여행 커뮤니티 중 하나인 딩고 트래블을 취재한 한 기사에서 흥미로운 내용을 발견했다. "우리나라의 경우, 여행 콘텐츠는 유튜브가 아닌 페이스북에서 유통되더라고요."1 이 말은 현재 우리나라에서 여행 콘텐츠가 '자기과시'와 '공유'의 용도로 사용된다는 사실을 시사한다. 자신의 시간과 비용을 들여 만든 여행 콘텐츠가 상업적 커뮤니티에서 일회성으로 소비된다고 해도 잠시 주목받을 수 있다면 만족하는 이들이 그만큼 많다는 것이다. 그 콘텐츠로 얻어낸 추가 구독자와 트래픽이 가져온 각종 수익이 최초 창작자에게 얼마나 돌아가고 있을까?

여행 콘텐츠를 단순한 과시용 도구가 아닌 강력한 무기로 삼고 싶다면, 당신이 누군지 궁금하게 만드는 콘텐츠를 당신이 있는 바로 그 자리에서 꾸준히 만들어 사람들로 하여금 당신을 찾아오게 해야 한다. **콘텐츠의 완성도나 이슈성보다는 '내가 누군지 궁금하게 만드는', 브랜딩이 잘된 여행 콘텐츠가 훨씬 막강한 힘을 발휘한다고 생각한다.** 이는 사진이나 영상도 동일하다. 그저 경험을 나열하기만 하는 여행기에서 벗어나 자신의 삶이 반영된 콘텐츠를 하나씩 쌓아간다면 당신을 응원할 충성도 높은 팬은 저절로 생겨날 것이다. 그리고 이 팬들은 당신이 하고 싶은 일을 하면서 멋지게 살아갈 수 있는 가장 큰 원동력이자 지지자가 된다.

여행으로 삶과 직업의 변화를 꿈꾸는 2030세대에게

>

나는 내가 평범한 직장인에서 여행 분야의 새로운 직업을 만들기까지 겪었던 모든 과정을 블로그를 통해 공개해왔다. 그리고 이를 지켜본 사람들로부터 여행이나 직업과 관련된 질문을 많이 받았다. 그중에서 많이 받는 질문 중 하나가 '당신은 어떻게 직업과 삶을 주도적으로 결정하고 만들어왔는가?'다. 지금까지의 여행으로 내가 얻은 가장 큰 수확이 '삶의 주도성'이라고 생각한다. 그럼 어떤 형태로든 여행을 다니기만 하면 저절로 삶의 주도성을 장착하게 될까? 나는 나이와 삶의 단계마다 변곡점이 있고, 각각의 변곡점마다 필요한 여행이 달라야 한다고 생각한다. 직업 세계의 출발선에 놓여 있다고 할 수 있는 20대와 30대가 여행을 활용해야 하는 이유와 그 방법을 제안하고자 한다.

20대, 여행은 '마음의 근육'이다

20대에는 세상을 바라보는 시야를 넓힐 수 있도록 양질의 경험이 필요하다. 나의 경우에는 여행의 물리적인 양을 늘리려고 의식적으로 노력했다. 친구들이 아르바이트 등 별도의 노동으로 배낭여행 경비를 마련할 때, 나는 해외 탐방이 상으로 주어지는 공모전과 인턴십에 도전하는 방법을 택했다. 이렇게 경쟁으로 얻은 여행은 단순히 내 돈을 들여 떠나는 여행과는 차이가 크다. 내 힘으로 가는 여행에서는 나의 시야와 지갑 두께만큼만 세상을 볼 수 있지만, 기업에서 선발되어 떠나는 여행에서는 비용 걱정 없이 현재의 내가 볼 수 없는 세상을 경험할 수 있기 때문이다. 이렇게 희소성을 지닌 체험은 나를 스토리텔링하는 데 엄청난 무기가 되기도 한다. 취업 과정에서는 종종 '왜 다른 사람이 아니라 나여야만 하는가?'라는 질문에 맞닥뜨리게 되는데, 이렇게 경쟁을 거듭하다 보면 저절로 그 질문에 대한 답을 준비할 수 있다.

나는 대학에서 여행 경비의 일부를 지원해주는 프로그램에 선발되어 두 차례 배낭여행을 다녀온 적이 있다. 그후 대학을 다니는 동안에는 무조건 경쟁에 도전해서 선발되는 방식으로 해외 여행을 가기로 마음먹었고, 실제로 이를 달성했다. 로레알 일본 지사의 뷰티 탐방을 위해 갔던 도쿄 여행이나 한국 코카콜라가 선발한 청소년 300명의 인솔자 역할로 떠났던 괌 여행 등이 그 결과였다. 이렇게 보면 내가 무척 운이 좋은 사람인 것 같지만,

10번쯤 도전해야 겨우 한 번의 기회를 잡을까 말까 했으니 쉬운 일은 아니었다. 그렇게 무수한 실패과 간헐적 성공을 반복하면서 단련된 나는 웬만한 일에는 크게 낙담하거나 들뜨지 않게 됐다. 그 과정에서 내가 원하는 방향으로 삶을 이끌어갈 수 있다는 주도성을 얻었고, 실패하더라도 또 다른 기회가 찾아온다는 것을 깨달으며 회복탄력성을 체득했다. 이 두 가지는 오늘날에도 나의 큰 자산이자 강점이 되어주고 있다. 나는 대학에서 경제학을 전공했는데, 학과 내 분위기가 유난히 보수적이었다. 안정적인 직업을 선호하는 선후배, 동기들 사이에서 해외 탐방 등 외부 활동을 많이 했던 것은, 내가 원하는 삶이 주류를 따르는 것이 아니라면 주어진 환경을 탓하기보다 되도록 빨리 다른 길을 찾는 것이 더 낫다고 판단했기 때문이다. 20대 시절 주변 사람들을 걱정하게 했던 '딴짓'이 지금의 나를 만든 것은 재미있는 일이다.

30대, 여행으로 삶의 빈틈을 채우다

20대가 스스로를 탐색하는 시기라면, 30대는 삶과 직업을 주도적으로 설계하는 시기다. 모든 분야가 빠르게 변하고 평생직장이 사라지는 4차 산업혁명을 맞이하고 있는 지금, 나는 더 늦기 전에 나만의 커리어를 쌓아야겠다고 생각했다. 그래서 30대에 떠나는 모든 여행은 일상과 직업의 간극을 메우고 '나다운' 일을 찾아가는, 미래 지향적인 여행으로 채워가고 싶었다.

'어떤 여행을 축적하느냐에 따라 미래가 달라질 수 있다'는 믿음은 첫 책《스마트한 여행의 조건》의 출간으로 이어졌다. 이후 여행에 대한 나의 관심은 호텔이라는 카테고리로 조금씩 좁혀졌다. 여행을 하다 보니 호텔은 도시의 모든 역량이 집중된 공간이라는 사실을 깨닫게 됐다. 몇몇 뛰어난 호텔은 그 도시가 가진 정체성을 디자인, 미식 등의 문화적 요소로 응축하여 여행자에게 전하는 일종의 안내자 역할을 한다는 것도 배웠다. 이런 호텔들을 찾아다니는 테마 여행 속에서 내가 원하는 삶과 여행의 모양새를 만들어가는 과정을 담은 두 번째 책이《나는 호텔을 여행한다》다. 두 권의 책을 펴냄으로써 나와 세상의 소통 창구는 블로그에서 종이책으로, 인플루언서로서 내 영향력의 범위는 온라인에서 오프라인으로 확장됐다. 이렇듯 여행은 커리어 측면에서 내가 꿈꿔온 내 모습에 한걸음 더 가까이 다가가게 해주었다.

지난 7~8년간 세계의 호텔을 여행하면서 생각지도 못하게 얻은 큰 수확이 하나 더 있다. 바로 영어 회화 능력이다. 해외 호텔 관계자와 저녁 식사 자리만 가져도 2~3시간은 기본이라 영어가 유창하지 않으면 깊게 소통하기 어렵다. 물론 직원들과 굳이 많은 이야기를 나누지 않고 필요한 촬영만 한 뒤 취재를 끝낼 수도 있다. 하지만 나는 영어가 서툴던 때에도 해외 호텔 관계자들의 식사나 티타임 요청을 거절하지 않았다. 그들과 조금이라도 더 많이 소통하고 싶었기 때문이다. 그들과 대화를 나눌 때는 우선

나를 소개하고 내가 하는 일을 설명하는 것부터 시작해야 하는데, 같은 이야기를 매번 반복해야 하는 데다가 호텔리어들이 구사하는 고급 영어를 계속 접하다 보니 저절로 영어 능력이 향상됐다. 게다가 호텔의 홍보 담당 직원 중에는 내 또래의 여성들이 많아 관심사가 비슷해 대화를 나누기 수월했다. 특히 아시아권 호텔 직원들은 한국 문화에 대한 선호도가 높아 더욱 그랬다. 이렇게 모든 여행을 외국어 학습의 장으로 만들며 회화 경험을 쌓았다. 그 결과 나만의 여행영어 커리큘럼을 만들어 가르칠 수 있을 만큼 실력을 갖추게 됐다. 여행이 '영어 회화'라는 내 삶의 빈 틈을 하나 더 채워준 셈이다.

내가 30대에 여행을 통해 이룬 가장 큰 변화는 직장에 의존하는 직업의 구조를 벗어난 것이다. 여행을 할수록 나의 커리어가 함께 성장했고, 이제 시간과 장소에 구애받지 않고 비교적 자유롭게 일하면서도 안정적인 수익을 얻을 수 있다. 게다가 20대 시절의 다양한 여행 경험을 토대로 내가 좋아하는 것이 무엇인지도 알게 됐다. 내가 좋아하는 것에 중점을 둔 여행은 특별한 목적 없이 휴양과 소비 위주로 즐기는 여행과 다를 수밖에 없다. 그 과정에서 꾸준히 생산해온 여행 콘텐츠들은 어느새 나만의 경쟁력이 됐다. '좋아하는 일'이 곧 '돈을 버는 일'이 된 것이다. 앞으로는 더 많은 사람들이 여행을 '여행으로만' 소비하지 않고 일상과 직업의 경계를 재정의하는 수단으로 활용할 것이라 본다. 내가 그랬던 것처럼 말이다.

여행 스타트업이 고려해야 하는 세 가지

>

서울 시 산하의 창업지원기관에서는 정기적으로 각 분야의 스타트업들이 피칭을 하고 네트워크를 다지는 데모데이가 열린다. 나는 2018년부터 홍합밸리(서울 홍대와 합정 지역을 기반으로 유망 스타트업을 발굴하고 육성하는 스타트업 지원센터)와 신촌창업센터에서 주최하는 '여행 데모데이'의 키노트를 맡고 있다. 그 과정에서 자연스레 많은 여행 스타트업 관계자들을 만나 아이디어를 나눌 기회가 생겼다. IT 스타트업에서 4~5년간 일하며 홍보와 마케팅을 담당했던 스타트업 1세대 출신이기도 한 나는 개인적으로 스타트업에 남다른 애정과 관심을 가지고 있다. 지금부터는 그간 여행 데모데이에서 미처 다 전하지 못했던 이야기들을 정리해볼까 한다.

▌여행과 여행 업계, 그 엄청난 차이

여행 관련 스타트업을 꿈꾸는 이들에게 첫 번째로 하고 싶은 이야기는 여행과 여행 업계는 너무나 다르다는 것이다. 아직까지도 '나는 여행을 좋아하니까 여행 관련 사업으로 먹고살아보자!'라는 순진한 생각을 가진 창업자 혹은 창업준비자가 적지 않다. 정말로 여행 분야에서 창업을 하고 싶다면 스스로 여행 업계를 얼마나 이해하고 있는지 진단해보는 것이 먼저다. 여행 데모데이의 키노트 도중 여행 소비 트렌드의 사례로 몇몇 항공 검색 서비스를 소비하자 한 참석자가 "항공이나 호텔 예약은 여행 업계에서 지극히 부차적인 부분 아닌가요? 여행이라는 행위 전반에 집중하는 서비스가 더 비전이 있지 않나요?"라고 물었다. 이 질문의 질문자는 모바일 여행 서비스를 여행 일정을 짜주는 매니저나 여행의 추억을 기록하는 메모장 정도로 여긴 것이라 볼 수 있다. 급변하는 여행 업계와 여행자의 흐름을 미처 파악하지 못한 채 신규 서비스에 사람들이 순순히 콘텐츠를 남겨줄 것이라는 단순한 생각으로 접근한 것이다.

여행 업계를 비즈니스적 관점에서 볼 때는 '최종 결제'가 이뤄지는 지점부터 확인해야 한다. 세계에서 가장 큰 여행 기업은 미국의 프라이스라인과 익스피디아, 중국의 트립닷컴이다. 이들 사이에는 항공과 호텔, 기타 여행 상품을 직접 판매하는 플랫폼이라는 공통점이 있다. 총 300만 원의 예산으로 유럽 여행을 떠난다고 할 때 이 비용은 어떻게 사용될까? 보통 전체 예산의 50~60%가 항공권과 숙소에 쓰인다. 국내 최대의 자유여행 플랫폼으로 성장한 마이리얼트립이 2019년에 항공권과 호텔 예약 기능을 추가한 것도 여행에서 가장 큰 결제액이 오가는 시장이 항공과 호텔이기 때문이다. 그러나 배낭여행 경험을 바탕으로 여행 서비스를 만들려는 20대 창업자들은 이 점을 놓치기 쉽다. 이들은 주로 '여행 전이나 도중에 필요한 서비스'에만 집중한다. 이렇게 주관적인 여행 경험을 바탕으로 사업 모델을 구상하기보다는 유관 업계에서 경력을 쌓으며 여행과 여가 소비에 대한 이해도를 먼저 높이는 방법을 추천하고 싶다.

콘텐츠 생산자는 둥지를 옮기지 않는다

한국의 해외여행 시장은 2014년에서 2016년에 걸쳐 폭발적으로 성장했다. 이 시기에 쏟아져 나온 B2C 여행 서비스는 대체로 '일정 설계'와 '기록하기'에 집중한 것들이었다. 이러한 여행 서비스는 유의미한 콘텐츠가 있어야만 사용자가 생겨나는데, 사용자가 직접 시간과 노력을 들여 콘텐츠를 생산하게 만드는 것은 쉽지 않다. **자신의 채널에 양질의 여행기를 연재하는 여행자가 있다고 해보자. 그 여행자가 굳이 기존의 채널 대신 특정 서비스에 콘텐츠를 올릴 이유가 있을까?** 하지만 대부분의 창업자는 자신의 서비스에 너무나 큰 자부심을 느낀 나머지 자신이 네이버나 인스타그램과 같은 공룡과 경쟁하고 있다는 사실을 잊어버린다. 그렇게 창업한 여행 서비스들은 얼마 지나지 않아 공짜 콘텐츠를 꾸준히 확보하기란 불가능하다는 사실을 깨달았다. 그러자 대부분의 서비스가 쉽고 뻔한 지름길을 택했다. 포털 서비스가 제공하는 검색 결과 API를 이용해 기존 블로그의 링크를 무단으로 끌어다 붙이는 조악한 서비스로 전락한 것이다. 그렇게 콘텐츠에 대한 기본 개념 없이 개발 위주로 만들어진 여행 서비스는 몇 년 사이에 모두 자취를 감췄다. 그중 몇몇 서비스의 대표가 내게 사업 방향이나 크리에이터와의 협업 방법을 문의한 적이 있다. 그 답은 생각보다 간단하다. 사용자가 기꺼이 자신의 콘텐츠(리뷰, 댓글 등)를 제공하도록 서비스를 치밀하게 설계하거나 정당한 보상을 제공하는 것이다. 트립어드바이저나 트리플처럼 말이다.

자발적 여행 콘텐츠를 모으는 플랫폼 서비스는 여전히 많은 스타트업들에게 매력적인 사업 모델이다. 하지만 대다수의 스타트업들은 트리플과 같은 B2C 성공 모델만 바라보고 있다. 그 모델을 따르려면 '콘텐츠=자본(돈)'이라는 기본 공식부터 이해해야 한다. 초창기 트리플은 전문 여행작가에게 정당한 대가를 지불하고 그의 콘텐츠를 대량으로 구매해 서비스를 알차게 채운 다음 사용자를 불러모았다. 그러나 이처럼 초기 투자가 필요한 서비스는 자본력이 없는 소규모 스타트업에게 적합한 사업 모델이라고 볼 수 없다. 여행 스타트업은 작은 기술과 작은 니즈에 집중할수록 성공 확률이 높다고 생각한다.

그렇다고 해서 콘텐츠가 중요하지 않다는 이야기는 아니다. 콘텐츠는 서비스 마케팅의 중요한 도구다. 내가 여행 데모데이에서 만난 스타트업 중 이를 잘 파악해 성공적인 창업 모델로 연결시킨 스타트업이 있다. '지극히주관적인여행'이란 업체인데, 여행 분야의 파워 블로거 출신인 이 스타트업의 창업자는 콘텐츠의 힘과 속성을 매우 잘 아는 전문가였다. 그는 기존의 여행 콘텐츠를 토대로 120만 명의 카카오스토리 구독자를 확보한 후, 이를

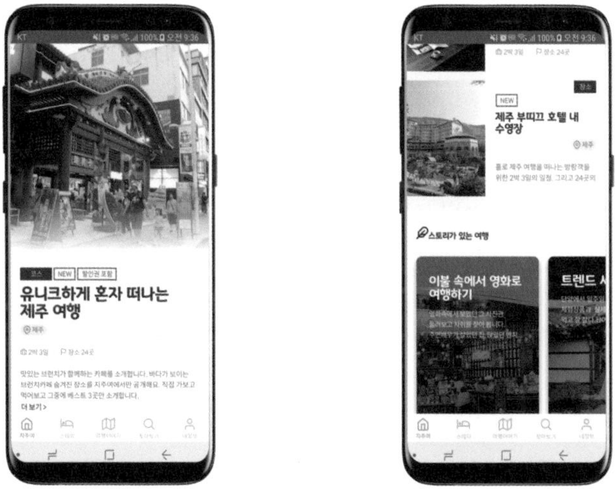

출처: 지극히주관적인여행

› 지극히주관적인여행에서 판매하는 자체 콘텐츠 기반의 투어 상품. 창업자가 가진 강점을 사업으로 연결시켰다.

활용해 국내 호텔과 개별 여행 상품에 어필하며 독자적으로 기획한 국내 여행 상품을 영업한다. 독점 콘텐츠 기반의 여행사가 새롭게 탄생한 셈이다. 콘텐츠로 사업을 하려면 이렇게 창업자가 잘 알고 있으며, 작고 깊은 분야에 집중적으로 접근하는 전략이 필요하다.

여행자의 시간을 '아껴주는' 서비스가 성공한다

지금 여행 스타트업 세계에 진입하려는 이들은 주로 20~30대, 즉 밀레니얼 세대다. 이들은 또래의 여행 패턴 외에 전체 여행 시장을 보지 않으려 하는 경향이 있다. 그런데 밀레니얼을 위한 여행 서비스는 이미 구글(여행 일정 설계 및 예약)과 인스타그램(여행 기록 공유와 정보 검색)이라는 거대한 경쟁자가 존재해 사실상 들어가기 가장 어려운 시장이다. 구글이나 인스타그램의 가치와 필요성을 뛰어넘을 만한 차별성이 없다면 여행자가 새로운 서비스로 이동할 리 없다. 만약 여행 설계, 여행 기록 등 사용자의 시간을 요구하는 서비스를 만들고 싶다면 본격적인 기획에 앞서 현재의 여행자들이 여행 전문 서비스가 아닌 구글과 인스타그램을 통해 여행을 준비하는 이유부터 찾아야 한다.

짐좀에어Zimzom-Air는 2016년 창업한 여행 짐 배송 서비스다. 2018년의 어느 데모데이에서 짐좀에어가 밝힌 내용에 따르면, 짐좀에어 고객의 70%는 20~30대 여성이라고 한다. 여행을 할

출처: 짐좀에어

> 여행 짐 배송 서비스, 짐좀에어. 배송이라는 행위보다 여행자의 '시간'을 내세운 브랜딩이 눈에 띈다.

때 '짐'이 주는 심리적, 체력적 압박에서 자유로워지고 싶은 여성 여행자의 니즈를 정확히 공략한 것이다. 최근 유사 서비스가 속속 출현해 여행 짐 배송 업계도 경쟁이 치열해지는 중이지만, 짐좀에어는 '배송'이 아닌 '여행 시간'에 초점을 맞춰 브랜드의 차별성을 만들어냈다. 브랜드의 정체성을 '당신의 여행 시간을 벌어드립니다'라는 문구로 정의했다는 것에서 이를 알 수 있다. **시간이 중요한 재화로 취급되는 현대사회에서 여행자의 시간을 아껴주는 '편의성'은 여행 서비스가 지녀야 할 핵심 가치 중의 하나다.**

한편, 여행 시장의 큰 축인 시니어 시장이야말로 새로운 여행 서비스가 절실한 분야다. 지난 5년 동안 스마트 여행을 주제로 강의하면서 50~70대 장년 및 노년층은 구글 지도를 활용하는 데에 어려움을 느낀다는 사실을 발견했다. 아무리 자유여행의 시대라 해도 중장년층의 여행 패턴과 밀레니얼 세대의 여행 패턴은 무척 다르기 때문에 두 소비층을 구분해서 바라봐야 한다. 이때 중장년층은 여행에 큰돈을 쓴다는 점을 간과해서는 안 된다. 앞으로는 높은 연령대의 여행자들도 쉽게 자유여행을 계획하고 즐길 수 있도록 도와주는 서비스들의 필요성이 더욱 커질 것으로 전망된다. 패키지여행 상품을 비교해주는 트립스토어와 같은 서비스가 대표적인 예다. 이런 서비스들의 강점 역시 여행자의 시간을 아껴준다는 것이다.

미래의 여행 시장에서 떠오를 새로운 직업과 서비스

어느 날 내 블로그의 방명록 게시판에 장문의 글이 올라왔다.

"안녕하세요. 방학 때마다 혼자 여행을 떠날 만큼 여행을 너무 좋아하는 대학생입니다. 유용한 여행지를 소개한다거나 여행 계획을 저만의 방식으로 짜주는 현실적인 여행 직업을 희망하고 있어요.
100% 현지인처럼 여행하는 저만의 방식이 있기 때문에, 적은 비용을 받고 총체적인 여행 계획을 짜주는 개인 사업부터 시작해보고 싶어요.
그런 일을 직업으로 삼는 것이 가능할까요? 주변 어른들에게 이런 이야기를 하면 다들 여행사에 취업이나 하라고 말씀하셔서 기운이 빠집니다."

평균 이상으로 여행을 많이 다니고 좋아하는 사람들은 대개 '내 방식의 여행을 사람들과 나누고 싶다'라는 생각을 가지게 되고, 이는 곧 직업적 관심으로 이어진다. 이들은 주로 여행 상품 기획자나 컨설턴트 쪽으로 향하는데, 실제로 여행사를 창업한 사람들은 여행을 오랫동안 해왔던 여행 마니아인 경우가 많다. 여행사 재직 경험이 없는 타 분야 종사자라면 여행사 창업 과정을 이수하거나 대형 여행사의 대리점을 운영해보기도 한다. 하지만 나이가 젊을수록 기성 여행사의 사업 모델보다는 개인 대 개인으로 여행 코스를 설계해주는 여행 컨설팅에 더 관심을 가진다. 자유여행을 많이 해본 젊은 세대는 여행지에 대한 정보의 양과 질에 따라 여행 경험의 편차가 커진다는 사실을 알고 있기 때문이다. 또한 컨설팅 직종은 비교적 시간과 장소에 구애받지 않고 유연하게 일할 수 있다는 속성을 지닌다. 그래서 밀레니얼 세대가 열망하는 디지털 노마드의 형태로 일할 수 있을 것이라 생각하는 듯하다.

여행 계획을 짜주는 일, 직업이라고 할 수 있을까?

아직 한국에서는 여행 계획을 제공해주는 일이 상품으로 분리되어 있지는 않다. 여행 상품을 만들어 유료로 판매하고, 여행자들을 인솔하는 일련의 과정이 여행업으로 통합되어 있는데, 이를 상업적으로 수행하기 위해서는 여행업으로서 허가와 등록 절차를 밟아야 한다. 여행업 등록을 하려면 어떤 조건을 갖춰야 할까? 우선 일정 수준 이상의 자본금이 필요하다. 지난 2018년에 여행업의 자본금 기준이 이전의 절반으로 낮아지면서 여행사 창업 규제가 크게 완화됐다. 현재 국내 여행업은 1,500만 원, 국외 여행업은 3,000만 원, 일반 여행업은 1억 원 선의 자본금이 있으면 등록이 가능하다. 여행업이 비교적 진입 장벽이 낮은 창업 아이템인 이유다. 규제가 완화되기 전부터 여행사의 수는 급격히 늘어나는 추세였다. 2016년에는 1만 6,000곳, 2017년에는 2만 곳에 가까운 여행사가 새롭게 등록됐다고 한다. 여행사라는 사업 모델이 사양길에 접어들었음에도 불구하고 공급이 계속해서 증가하자 그 여파로 2018년부터는 폐업이 급증하기 시작했다. 2018년 한 해 동안 무려 500여 곳의 여행사가 문을 닫았다. 따라서 여행 분야에서 오랜 경력을 쌓은 전문가라고 할지라도 여행사를 차렸을 때 쉽게 성공할 것이라고 장담하기는 어렵다. 대형 여행사에 비해 규모가 작은 테마 여행사들이 생존하려면 개인별 욕구에 맞춘 고객 밀착형 컨설팅으로 차별화된 상품을 제공해야만 한다.

이미 해외에서는 일정을 정해놓고 그에 맞춰 고객을 모아 단체여행을 제공하는 여행사보다 개별 맞춤 여행을 설계해주는 여행사가 대세이며, 업계에서는 이런 여행사를 '트래블 어드바이저'나 '트래블 디자이너'와 같은 명칭으로 구분해 부르고 있다. 미국의 여행 전문 잡지 《트래블 앤드 레저》는 해마다 '세계 최고의 여행사'를 선정해 순위를 발표하는데, 캐나다의 그레이앤드코

Gray&Co는 이 순위에서 2016년에 1위, 2019년에 2위를 차지한 여행사다. 개인별로 '바이크 여행' 코스를 설계해주는 업체에서 출발한 그레이앤드코는 스스로를 '액티브한 여행을 원하는 개별 여행자를 위한 회사'라고 소개한다. 본격적으로 여행을 설계하기에 앞서 그레이앤드코는 모험적인 아웃도어 활동을 선호하는지, 소규모 단위 여행자에게 맞춘 고급 서비스를 원하는지 등을 묻는다. 고객의 '액티브 스타일active style'을 먼저 확인하는 것이다. 호주에서 시작된 글로벌 여행사 블랙토마토Black Tomato도 맞춤형 여행 설계를 전문으로 하는 업체다. 2005년에 창업한 이래 블랙토마토에서는 여행 상품을 소개하는 브로슈어를 제작한 적이 없다. 고객 한 명 한 명의 이야기를 듣고, 각각의 요구에 맞춰 여행을 구성하기 때문에 브로슈어에 담을 만한 고정적인 여행 상품 자체가 존재하지 않기 때문이다. 블랙토마토의 사업 모델을 찬찬히 들여다보면 미래의 여행업이 나아갈 방향에 대한 힌트를 얻을 수 있다.

각기 다른 분야에 종사하던 블랙토마토의 세 창업자는 바쁘게 직장 생활을 하며 제한된 시간 안에 여행을 준비하고 실행해야 하는 주변 사람들의 라이프스타일을 주의 깊게 살폈다고 한다. 오랜 관찰 끝에 그들은 여행 장소 대신 목적에 집중하는, 기존의 여행사와는 전혀 다른 접근 방식을 추구하는 여행사를 만들었다. 2019년에 블랙토마토는 '브링 잇 백Bring it back'이라는 새로운 여

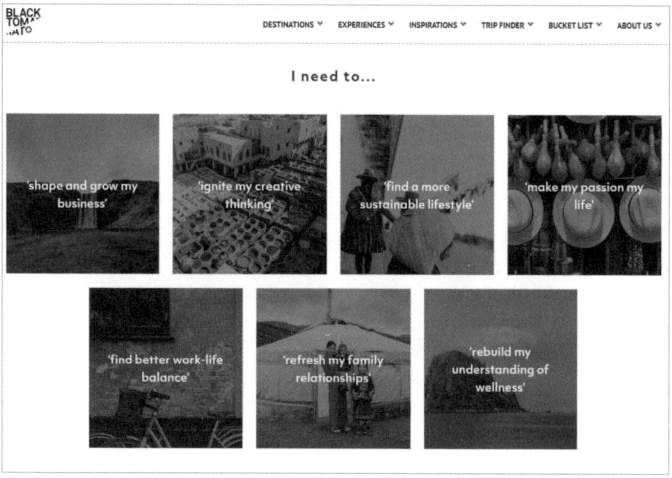

출처: 블랙토마토

> 블랙토마토의 웹사이트에 마련된 '브링 잇 백' 카테고리. 현대인의 고민을 일곱 가지로 분류하고 각 문제의 해결에 도움을 주는 여행 상품을 제안한다.

행 카테고리를 선보이며, 내면과 관련된 현대인의 고민을 일곱 가지로 분류하고 각 문제를 해결하는 데 도움을 주는 여행을 제시했다. 여행이 치유와 성장의 기능을 하도록 기획한 것인데, 예를 들어 '내 창업 아이디어를 명확하게 다듬고 싶다'는 여행자에게는 금융 위기를 딛고 일어난 아이슬란드의 창업가를 만나 그 비결을 듣는 여행을, '워라밸을 찾고 싶다'는 여행자에게는 덴마크인들의 라이프스타일을 나누는 여행을, '가족 관계를 개선하고 싶다'는 여행자에게는 디지털 기기를 쓸 수 없는 몽골 사막에서 자급자족하는 여행을 제안하는 식이다. 이와 같이 정교하게 만들어진 여행 상품은 현대인의 심리를 깊게 파고들기 마련이다.

여행업이 개인의 욕구에 가까이 다가가는 섬세한 서비스로 거듭나야 하는 이유는 첨단 기술의 발전과도 매우 밀접한 관련이 있다. 고도화된 IT 기술의 진입으로 기존의 산업 체계가 크게 흔들린 분야 중 대표적인 것이 여행업이다. 구글은 2019년부터 통합된 여행 웹사이트를 구축하고 항공권과 호텔 최저가 예약, 액티비티 검색 및 예약 등의 서비스를 무료로 제공하고 있다. 에어비앤비나 마이리얼트립에서도 클릭 몇 번만 하면 특별한 숙소나 투어, 맛집, 현지 체험형 클래스까지 모두 예약할 수 있다. 다시 말해 항공과 숙박, 액티비티 등 여행을 구성하는 일반적인 요소들을 개인이 스스로 얼마든지 계획하고 실행할 수 있는 세상이 된 것이다.

미래의 여행 업계에서는 여행자의 내적 욕구를 읽어내거나 개인이 준비하기 어려운 여행 루트를 발굴하는 등 기술의 힘만으로는 만들기 어려운 여행 상품들이 높은 희소성과 가치를 지니게 될 것이라 예상된다. 따라서 목적에 따라 여행 콘셉트를 디자인하고 이를 위한 세부 일정을 구성해주는 일련의 과정이 여행업의 새로운 수익 모델로 자리 잡을 날이 머지 않았다. 어떤 형태로든 여행 업계에 종사하고자 한다면 관련 경력은 물론, 인간을 이해하는 인문학적 능력과 세분화된 테마를 소화하는 전문성을 갖춰야 한다.

여행사나 여행작가가 전부는 아니다

그동안 글로벌 여행 산업을 취재하면서 한국에는 급변하는 여행 산업과 여행 트렌드를 전망하는 콘텐츠가 턱없이 부족하다는 것에 큰 아쉬움을 느끼고는 했다. 최근 1~2년 사이 국내의 전통적인 여행사들이 줄줄이 도산했으며, 한국의 여행 산업은 거대 플랫폼 위주로 빠르게 재편되고 있다. 이런 상황에서 여행을 직업으로 삼으려면 어떻게 해야 할까? 여행사에 입사하거나, 여행작가가 되거나, 관련 스타트업을 차리는 것 외에는 방법이 없을까? 여행자들이 더 이상 여행사를 이용하지 않고 종이로 된 가이드북이나 여행 전문 매거진을 읽지 않는 시대의 여행 업계에서는 과연 어떤 직업이 차별화된 전문직으로 떠오를 수 있을까? 앞으로의 한국 여행 시장에 새롭게 떠오를 전문직은 무척 다양하겠지만, 여기서는 가장 현실성 있는 두 가지 직종을 소개해보려 한다.

첫째는 '빅데이터 분석가'다. 지난 2018년 12월, 미국의 차량 공유 서비스 리프트Lyft는 제4회 리프티 어워즈Lyftie Awards의 수상 결과를 발표했다. 리프티 어워즈는 한 해 동안 미국 내 45개 도시에서 리프트의 고객이 가장 많이 내린drop-off 장소를 공개하는 것이다. 1년간의 데이터를 분석해 각 도시별로 사람들이 가장 많이 방문한 바, 늦은 시간에 사람들이 가장 많이 방문한 식당 등을 알려준다. 차량 공유 서비스의 대표 주자인 우버는 아예 자신들이

출처: 리프트

> 차량 공유 서비스 리프트가 한 해 동안 축적한 데이터를 기반으로 발표하는 '리프티 어워즈'. 미국 내 45개 도시에서 사람들이 가장 많이 방문한 장소를 분야별로 소개한다.

수집한 개방형 데이터를 도시계획에 활용하도록 하는 '무브먼트 Movement'라는 서비스를 운영하고 있다. 이러한 차량 공유 서비스는 교통 분야의 플랫폼이지만, 여행 업계에서는 이들을 여행의 편의성을 극적으로 높여준 '여행 서비스'로도 분류한다.

에어비앤비와 우버, 익스피디아 등 여행 업계를 움직이는 플랫폼 기반의 기업들은 사용자의 서비스 이용 패턴을 데이터화하고 있으며, 이를 분석해 매출 증진 및 서비스 개선에 활용한다. 따라서 엄청난 양의 데이터에서 의미를 찾고 인사이트로 만들어 내는 빅데이터 전문가는 비단 여행 업계뿐 아니라 온라인에 기반하는 모든 업계에서 필요로 하는 직종이다. 여행업의 경우 항공권, 숙박, 투어 프로그램 등 거의 모든 예약과 결제가 온라인에서 이뤄지고 있으며, 특히 스마트폰 보급률이 높은 한국에서는 야놀자나 마이리얼트립 등 대형 서비스를 중심으로 그 경향이 더욱 심화되고 있다. 따라서 데이터 분석에 대한 여행 업계의 수요는 지속적으로 높아질 것이다. 과거에는 여행 업계에서 주로 관광학 전공자나 호텔경영학 전공자와 같이 서비스 분야의 역량을 갖춘 이들을 원했다면, 앞으로는 수학이나 통계학, 프로그래밍 기술 등의 분야에 전문성을 갖춘 인재들이 중심이 될 것이라 여겨진다.

둘째는 '럭셔리 여행 컨설턴트'다. 앞서 이야기한 것처럼 여행 업계가 데이터 분석 능력을 갖춘 새로운 인력을 필요로 한다면, 여행 취재기자나 여행작가 등 전통적인 여행 미디어나 콘텐츠 분야에 종사하던 사람들은 어떻게 되는 것일까? 최근 미국에서 이들의 커리어 변화에 대한 흥미로운 흐름을 엿볼 수 있었다. 2017년 창업한 여행사 에센셜리스트Essentialist는 무려 21년간《트래블 앤드 레저》의 편집장을 역임한 낸시 노보그로드Nancy Novogrod가 만든 벤처기업이다. 에센셜리스트는 철저하게 럭셔리 여행자만을 타깃으로 하는 멤버십 서비스다. 연간 1,400달러의 멤버십 요금을 지불하면 모바일 애플리케이션을 통해 여행 전문 컨설턴트가 일대일로 맞춤형 여행 일정을 설계해준다. 에센셜리스트는 고품질의 멤버십 전용 콘텐츠를 만들기 위해《베니티 페어》,《콘데 나스트 트래블러》,《트래블 앤드 레저》 출신의 여행 기자를 대거 영입했다. 이들은 일반 대중이 쉽게 접근할 수 없는 호화 호텔이나 레스토랑을 실제로 경험하고 평가해온 전문가들이기 때문에 검색으로는 얻을 수 없는 희소성 높은 여행 정보와 럭셔리 여행자들의 취향에 꼭 맞는 콘텐츠를 생산해냄으로써 브랜드의 차별화를 도모할 수 있었다.

미국에서 가장 빠르게 성장하는 비상장 회사 5,000곳을 선정하는 'Inc 5000'에 최근 3번이나 이름을 올린 여행사가 있다. 바로 뉴욕에 기반을 둔 인다가레트래블Indagare Travel이다. 이 회사 역시 허스트 계열 잡지사의 편집장을 지낸 멜리사 브래들리Melissa Bradley가 창업한 멤버십 여행사다. 인다가레트래블의 멤버십은 요금에 따라 세 가지로 분류되며 에센셜리스트와 마찬가지로 여행 일정 설계와 독점 콘텐츠, 회원 전용 모임과 같은 혜택을 차등 제공한다. 85명의 직원 중에는 기존 여행사 출신이 한 명도 없다. 이 회사는 패션이나 금융, 저널리즘 등 다양한 분야의 전문가를 영입해 독자적인 여행 상품을 만드는 것으로 알려져 있다. 인다가레트래블이 건축 전문 미디어와 제휴해 만든 여행 상품을 보면, 개인 소유의 주택이나 정원 등 일반 관광객은 들어갈 수 없는 곳이 일정에 포함되어 있어 눈길을 끈다. 이외에도 투어 참여자들의 뒤풀이 모임을 개최하여 여행의 여운을 지속시키는 커뮤니티 역할까지 수행하는 등 기존에는 없었던 미디어 기반의 여행

사업을 성공적으로 풀어가고 있다.

에센셜리스트나 인다가레트래블과 같은 회사의 출현은 전통적인 콘텐츠 전문가만이 지니는 강점이 분명히 존재한다는 것을 입증했다. 그들만의 경험과 전문성을 바탕으로 생산하는 콘텐츠는 첨단 기술로 무장한 온라인 여행사에서는 구매할 수 없는 것이다. 앞으로의 여행업을 이끌 핵심 역량이 '기술'이든 '콘텐츠'든 간에 여기서 주목해야 할 점은 여행업이 업계 바깥의 전문성과 긴밀하게 결합하고 있다는 사실이다. 여행 업계에서 자신만의 역할을 개척하기 위해서는 꼭 여행과 관련된 것이 아니더라도 특정한 분야에서 탄탄하게 쌓은 전문성이 중요하다는 것을 꼭 강조하고 싶다.

부록

밀레니얼 여행자를 위한 여행의 기술

1

항공권, 똑똑하게 구매하라

• 단거리 여행지

일본의 주요 도시, 홍콩과 마카오, 대만 등은 한국에서 오가는 데 편도 항공 탑승 시간이 2~3시간 내외인 해외여행지들이다. 이런 단거리 노선은 항공권 선택의 폭이 가장 넓다. 이 구간들을 두고 국적기인 대한항공과 아시아나항공은 물론, 외항사와 외국 저비용 항공, 여기에 한국의 저비용 항공사까지 치열하게 경쟁한다. 예전에는 항공권은 빨리 살수록 좋다는 이야기가 공식처럼 여겨졌으나 이제는 그렇지 않은 이유가 여기에 있다. 단거리 노선의 경우 저비용 항공 노선이 늘어나면서 공급과 수요의 변화에 따라 가격이 자주 조정된다. 그래서 극성수기를 제외하고 주말을 포함한 2박 3일, 3박 4일 여행을 계획하고 있다면 오히려 일찍 항공권을 사놓는 게 손해일 수 있다. 빈 좌석이 많이 남아 있는 노선의 경우 출발일을 며칠 앞두고 가격을 낮추기도 하기 때문이다. 평수기에 가까운 나라로 여행을 떠날 계획이라면 조금 느긋하게 항공권을 결제하도록 하자.

좀 더 구체적으로 항공권을 구매하는 최적의 타이밍을 알고 싶을 때는 카약의 '가격 알리미' 기능을 활용하는 것을 권한다. 항공권 실시간 검색 서비스인 카약은 최저가를 빠르게 찾아주는 기능이 핵심이라는 점에서 스카이스캐너와 유사한다. 하지만 검색 결과 상단에 따로 표시되는 '가격 알리미'는 카약에만 있는 기능이다. 항공권을 검색했을 때 상단에 '구매'라고 표시된다면 해당 구간의 항공권 가격이 일주일 내에 상승할 확률이 높다는 뜻이다. 반대로 '대기'라고 표시된다면 일주일 내에 가격이 더 떨어질 가능성이 있으니 조금 기다려보라는 뜻이다. 그렇다고 해서 가장 유리한 구매 시점을 알기 위해 매일같이 카약에 접속해 일일이 검색해봐야 하는 것은 아니다. 카약 애플리케이션에 로그인을 한 후 해당 구간의 가격 알리미를 설정해두면 가격이 떨어졌을 때 알려주는 알림 기능이 있어 더욱 편리하다.

구매 시점을 대략적으로 정한 다음에는 항공사를 골라야 한다. 스카이스캐너나 카약에서 최저가순으로 검색해서 2~3종류의 항공사를 추려낸다. 후보군의 조건이 같고 가격대까지 비슷할 때는 그중 저비용 항공사보다 대형 항공사를 선택하는 것이 좋다. 대형 항공사의 항공권 가격에는 마일리지와 좌석 선택, 기내식 등의 서비스가 포함되어 있기 때문이다. 다만, 직장인들처럼 출발 시간과 도착 시간에 제약이 따르는 경우에는 시간에 맞는 항공사를 선택하는 수밖에 없다.

• 장거리 여행지 – 단순 왕복

기본적인 구매 방법은 단거리 여행지와 큰 차이가 없다. 단, 미주와 유럽 항공권은 좀 다르다. 하와이를 제외한 미주와 유럽 구간은 아직 한국에서 취항한 저비용 항공사가 없다. 다시 말해 단거리 노선만큼 가격경쟁이 치열하지 않다는 뜻이다. 우리 국적기와 해당 국가 외항사, 타국 외항사의 경유편이 장거리 노선을 두고 경쟁한다. 공급은 정해져 있는데 수요가 항상 많다 보니 장거리 항공권은 '일찍 살수록 유리하다'는 전제가 들어맞는 경우에 속한다. 특히 직항 노선 항공권은 원래 가격이 비싼데 시간이 지날수록 더 올라갈 가능성이 크다. 장거리 노선 중에서도 직항 노선은 공급 좌석이 한정적이고 원하는 고객이 많기 때문이다.

같은 목적지에 가더라도 경유편을 선택한다면 좀 더 여유롭게 항공권을 예약해도 된다. 일반적으로 장거리 노선의 항공기는 대형 기종이다. 그런데 그 대형 비행기에 고객을 많이 채우는 것이 늘 쉬운 일은 아니므로 항공사는 경유지를 늘려 수익을 최대화하려고 한다. 따라서 허브 공항이라고 불리는 경유지를 중심으로 주변 도시를 연결하여 노선을 확장한다. A(출발지) → 경유지(허브 공항) → B(목적지)의 구조인데, 이때 A에서 B로 가는 승객 외에 A에서 경유지 또는 경유지에서 B로 가는 승객도 이 노선을 이용하게 된다. 따라서 경유 노선은 1인당 부담하는 요금 구조가 직항보다 저렴하다. '경유'라는 불편함이 경유 항공권의 단점이라면, 직항 항공권보다 저렴한 가격은 무시할 수 없는 장점이다. 게다가 '스톱 오버(경유지 체류)'가 허용되는 경우 경유지 관광까지 덤으로 즐길 수 있다.

장거리 노선 항공권 중에서도 이코노미 좌석 항공권은 얼리버드, 시즌별 프로모션 등 항공사별로 수시로 시행하는 이벤트를 통해 구매하는 것이 가장 좋다. 조금 더 자세히 살펴보자면, 장거리 노선 항공권은 대개 50~60만 원 이상의 고가 상품이기 때문에 신용카드 업체들이 경쟁적으로 혜택을 제공한다는 점에 주목할 필요가 있다. 네이버 항공권이나 카카오 항공권에 접속해 원하는 구간의 항공권을 검색해보면 아예 여행사에서 특정 카드사의 혜택을 반영해 가격을 책정해둔 항공권들도 수두룩하다. 내가 보유한 신용카드에 최적화된 여행사의 상품을 구매하면 특가에 추가 할인 혜택까지 챙길 수 있다는 이야기다.

보통 비즈니스 좌석의 가격은 이코노미 좌석의 2~2.5배 정도다. 과거에는 한국 국적기 항공사와 공동 운항하거나 같은 항공 동맹체에 있는 외국 국적기 항공사의 마일리지를 프로모션 기간에 저렴하게 구매한 다음, 이를 활용해 비즈니스 좌석을 예매하는 것이 가장 보편적인 노하우였다. 하지만 최근에는 비즈니스 좌석 할인 이벤트도 늘어나는 추세라 이를 잘 이용하면 굳이 마일리지를 구매해 그것으로 항공권을 사는 방법이 아니더라도 저렴하게 비즈니스 좌석 항공권을 살 수 있다.

- **장거리 여행지 – 다구간 항공권**

다구간 항공권은 인천 → 하와이 → 상하이 → 인천과 같이 2개 이상의 목적지가 포함된 왕복 항공권을 뜻한다. 최소 3번 이상 탑승해야 하는 여정의 항공권이나 인/아웃 지역이 달라 2개 이상의 도착지가 포함된 여정의 항공권이 바로 다구간 항공권이다. 그러나 가고 싶은 도시들을 무작정 골라 항공권 검색 서비스에서 검색했다가는 비정상적으로 높은 가격의 항공권들만 뜨기 일쑤다. 여러 도시를 여행한다고 해서 항상 다구간 항공권이 유리한 것은 아니다. 예를 들어 유럽에 있는 도시 A와 B를 여행할 예정이라면, 한국과 A(또는 B)를 오가는 단순 왕복권을 구매하거나 한국 → A 항공권과 B → 한국 항공권을 각각 구매하고 A와 B 구간은 유럽의 저비용 항공, 기차 등을 이용해 이동하는 것이 가장 좋다.

그렇다면 다구간 항공권은 언제 필요할까? 특정 도시를 중간에 포함시켰을 때 전체 항공 요금이 저렴해지는 특수한 경우가 있는데, 이럴 경우 다구간 항공권이 단순 왕복 항공권보다 싸다. 안타깝게도 이러한 특수 구간은 일반인이 찾아내기가 쉽지 않다. 특수 구간들만 찾아내어 매우 저렴한 가격의 다구간 항공권을 살 수 있게 도와주는 서비스가 '플라이트그래프'였으나, 지금은 폐업하여 이용할 수 없다.

2

내게 딱 맞는 호텔 찾기

• 좋은 호텔을 고르는 법

나라별/도시별로 여행자들이 매긴 호텔 순위를 가장 빠르게 확인할 수 있는 웹사이트는 세계 최대 규모의 여행 커뮤니티인 '트립어드바이저'다. 2000년 미국에서 설립되어 현재 전 세계 50여 개 나라의 여행자들이 후기를 공유하는 커뮤니티로 성장했다. 호텔 리뷰 포럼에서 시작한 커뮤니티인 만큼, 트립어드바이저는 세계에서 가장 강력한 호텔 평가 데이터를 가지고 있다. 또한 가짜 리뷰를 철저히 모니터링하기 때문에 공정성으로도 이름이 높다.

누적된 여행자 리뷰와 평가를 바탕으로 트립어드바이저에서 해마다 발표하는 트래블러스 초이스 어워즈는 호텔 선택의 정확한 지표로 유명하다. 트립어드바이저의 메인 화면에서 '2019 베스트'라는 메뉴를 클릭하면 그 즉시 나라별/도시별 호텔 순위를 검색해볼 수 있다.

일단 확인하고 싶은 나라나 도시의 이름을 검색한 다음, 다시 여행의 목적에 따라 세부 검색을 한다. 그러면 럭셔리, 로맨스, 패밀리(가족 여행), 가격 대비 만족도 등 다양한 분야로 세분화된 가장 최신 버전의 호텔 순위를 볼 수 있는 것이다. 보통 매년 초에 이 순위가 업데이트되는데, 이 시기에는 전 세계 모든 호텔이 트립어드바이저에 촉각을 곤두세운다. 여행자가 직접 뽑는 랭킹이다 보니 상위권에 이름을 올리기만 하면 해당 호텔의 인기와 신뢰도가 대폭 상승하기 때문이다. 이 순위에서 상위권에 랭크된 국내외 호텔들이 트래블러스 초이스 마크를 호텔 입구나 로비에 크게 거는 것도 바로 이러한 이유에서다. 나 역시 새로운 지역으로 여행을 갈 때는 반드시 트래블러스 초이스 순위를 확인한다.

각국의 독특한 독립 호텔에 묵고 싶을 때는 '디자인호텔스'를 이용한다. 디자인호텔스는 독일에서 시작된 디자인 특화 호텔 네트워크로, 2019년 6월 기준 전 세계 315개 호텔이 가입되어 있다. 연간 400여 곳의 호텔들이 가입을 희망한다고 알려져 있으나 선발 기준이 엄격해서 신청 호텔의 5%만 가입이 가능하다고 한다.

그래서인지 6~7년 전과 비교해도 소속 호텔 수가 크게 늘지 않았다. 초창기와 달라진 점이 있다면 디자인호텔스를 인수한 스타우드를 다시 메리어트 인터내셔널이 인수하면서 디자인호텔스 소속 호텔에서도 메리어트의 멤버십인 본보이의 포인트를 쌓거나 사용할 수 있게 된 것이다. 부티크 호텔들은 아름다운 디자인과 개성 있는 서비스라는 강점을 지녔음에도 유용한 멤버십 제도가 없어 아쉬웠는데, 메리어트 인터내셔널 산하로 들어가면서 이러한 점이 보완됐다.

• 호텔 예약 플랫폼, 제대로 활용하는 법

특별히 원하는 호텔이 있다면 트립어드바이저의 개별 호텔 페이지에서 OTA별 가격 비교를 할 수 있어 간편하게 최저가를 확인하고 예약하면 된다. 이와는 다르게 여행 예산에 따라 호텔을 고르고 싶은 경우에는 '구글 여행'에서 호텔을 검색해보길 추천한다. 2019년 5월, 구글은 그동안 산발적으로 운영했던 트립스 애플리케이션과 구글 지도의 호텔 검색 기능을 하나의 웹사이트로 통합해 완벽한 여행 가격 검색을 선보였다. 구글 여행의 호텔 검색은 예산에 맞춰 호텔을 찾아주는 데다가, 세일 행사 중인 호텔들만 실시간으로 추려내주는 필터 기능까지 갖췄다. 구글 지도상의 소비자 별점순으로 호텔을 검색할 수도 있다. 다만, 아직 서비스 초기 단계여서 모바일 버전이 나오지 않아 PC로만 이용할 수 있고, 아직 한국어 지원도 되지 않아 영어를 잘하지 못하는 한국인에게는 다소 불편하다.

만약 힐튼이나 메리어트 인터내셔널 등 글로벌 호텔 체인에 소속된 호텔에서 2박 이상 연속으로 묵을 예정이라면 해당 호텔의 공식 웹사이트도 체크해볼 필요가 있다. 호텔 공식 웹사이트에 접속해 'Offer' 혹은 'Package'라는 메뉴를 찾아보자. 2박이나 3박을 예약하는 고객에는 1박을 무료로 제공받거나 조식이나 부가 서비스를 저렴하게 이용할 수 있는 경우가 많다. 최근 힐튼이나 메리어트, 아코르 호텔과 같은 세계적인 호텔 체인들이 자체 멤버십 혜택을 더욱 강화하고 있다는 점도 잊지 말자. OTA가 아닌 호텔 웹사이트에서 로그인을 해서 예약하면 결제 금액에 비례해 멤버십 포인트를 주거나 심지어 원하는 항공사의 마일리지를 같이 적립해주기도 한다. 또한 해마다 일정 시기에 대대적인 세일 행사를 진행하는데, 이 기간에는 OTA보다 저렴하게 객실을 예약할 수 있다. 대표적인 호텔 브랜드의 웹사이트 몇 군데에 가입해두면 이러한 세일 정보를 미리 받아볼 수 있어 유용하다.

국내 호텔은 경우 호텔 공식 웹사이트를 더욱 눈여겨볼 필요가 있다. 해외 호텔은 OTA에서 할인가로 예약하거나 쿠폰을 적용하는 편이 저렴한 것이 일반적이지만, 국내 호텔은 좀 다르다. 호텔 공식 웹사이트에서 다양한 혜택이 포함된 패키지 상품을 판매하는 곳이 많기 때문이다. 호텔에서 기획한 패키지 상품을 보면 해당 호텔의 분위기를 파악하는 데도 도움이 된다. 예를 들어 가족 여행 패키지 상품이 많은 호텔은 조용히 여행을 즐기고 싶은 커플 여행객에게는 적합하지 않을 수 있다. 반대로 커플이나 1인 고객 위주의 패키지 상품이 많은 호텔은 놀거리가 필요한 가족 여행객에게 부적합할 수 있다. 국내 호텔은 숙박 시설이자 양질의 식음료 서비스를 제공하는 외식 공간이다. 특급 호텔과 연계해 무료 음료, 식사 할인 등의 혜택을 제공하는 신용카드가 많으니 이를 활용하는 것도 쏠쏠하다. 호텔을 이용할 일이 많거나 호캉스를 즐긴다면 시중에 나온 신용카드들의 호텔 관련 혜택을 꼼꼼히 비교해보고 하나 발급받아두는 것도 좋다.

3

자유여행의 핵심, 투어와 액티비티

주어진 시간에 어떤 일정을 채워넣느냐가 자유여행의 질을 좌우하는 오늘날, 투어 및 액티비티 예약이 여행 서비스의 핵심으로 급부상하고 있다. 투어나 액티비티 예약 서비스는 워낙 다양하고 광범위한 상품들을 취급해 항공권이나 숙소를 제외하면 나머지 일정들은 한두 곳의 서비스만 이용해도 모두 준비할 수 있다. 게다가 이러한 서비스들은 기존의 대형 여행사에서는 볼 수 없었던 새로운 상품을 제공한다. 현지에 거주하는 분야별 전문가가 선별한 장소들을 직접 안내해주는 '가이드 투어'는 여행 가이드북에서는 얻을 수 없었던 전문 지식을 제공해 여행의 질을 한껏 끌어올려준다. 테마파크나 박물관 패스와 같은 각종 입장권과 공항 픽업 차량도 클릭 몇 번으로 손쉽게 예약 가능하니 내가 원하는 일정대로 움직이기가 한결 수월하다. 뿐만 아니라 오래전에 예약하지 않으면 가기 힘든 미슐랭 레스토랑, 현지 사정에 빠삭하지 않으면 알기 어려운 원데이 클래스나 길거리 음식 투어 등으로 폭넓은 미식 여행을 즐길 수 있다.

국내 투어 및 액티비티 예약 분야의 선두 주자는 2012년 창업한 토종 서비스 마이리얼트립이다. 후발 주자인 와그도 무섭게 성장하고 있으나 규모 면에서는 마이리얼트립이 훨씬 우세하다. 물론, 두 업체가 판매하는 상품의 가격과 구성은 조금씩 달라 취향과 필요에 따라 잘 비교해보고 구매해야 한다. 한국에서 자유여행 예약 서비스가 무섭게 성장하자 글로벌 업체들도 발빠르게 국내에 진출하고 있다. 특히 대만의 케이케이데이와 홍콩의 클룩은 중화권 여행 시에는 반드시 참고할 필요가 있다. 이러한 투어와 액티비티 전문 서비스에서 똑똑하게 예약할 수 있는 여행 상품은 다음의 세 가지 카테고리로 나누어볼 수 있다.

- **각종 입장권과 패스**

국내/국외 할 것 없이 투어 및 액티비티 예약 서비스가 보편화되고 있는 가운데, 여러 입장권 중에서도 테마파크 입장권은 방문 당일에 현지에서 사는 것보다 여행 예약 서비스의 프로모션을 적절히 활용해 미리 구매해두는 것이 훨씬 저렴하다. 다만 여러 여행 예약 서비스가 같은 상품을 취급하고 있다는 점에 유념하자. 서비스마다 적용되는 할인율이 달라 가격 비교는 필수다. 이는 테마파크뿐만 아니라 각종 시설 입장권이나 교통 패스도 마찬가지다. 이때 '네이버 현지투어'를 활용해보자. 네이버가 항공권과 호텔 비교에 이어 새롭게 내놓은 여행 서비스로, 마이리얼트립이나 와그 외에 케이케이데이 같은 글로벌 서비스의 여행 상품까지 한꺼번에 검색해서 최저가를 알려준다. 또한 국내 유명 여행사에서 판매 중인 현지 투어 상품도 함께 확인할 수 있어 보다 선택의 폭을 넓힐 수 있다.

- **와이파이와 공항 픽업**

해외여행에 도움이 되는 스마트폰 애플리케이션들은 대부분 GPS를 기반으로 정보를 제공한다. 따라서 해외 공항에 도착한 순간 무선 인터넷 환경이 신속히 갖춰져야 바로 택시 호출, 길 찾기 등을 알아볼 수 있다. 해외에서 와이파이 서비스를 이용하는 방법은 크게 세 가지인데, 통신사에서 제공하는 로밍 요금제는 가격이 비싸다. 그래서 휴대용 와이파이 기기나 선불 데이터 유심칩을 구매하는 방법이 일반적이다. 이를 판매하는 업체들은 엄청나게 많다 보니 예전에는 와이파이 관련 상품을 찾아보는 것만 해도 굉장히 품이 많이 들었다. 하지만 이제는 액티비티 예약 서비스에서 편리하게 찾아 결제할 수 있다.

해외 공항에서의 차량 픽업 및 샌딩 서비스도 빼놓을 수 없다. 당연한 이야기지만 자유여행객은 스스로 교통편을 해결해야 한다. 그런데 외국의 공항에서 적당한 교통편을 찾기란 생각만큼 쉽지 않다. 이때 자유여행 예약 서비스를 통해 공항 픽업 차량을 예약해두면 여행의 시작이 든든해진다. 가격도 현지 택시 요금 수준이라 꽤 합리적이다. 돌아올 때도 시내에서 공항까지 데려다주는 샌딩 서비스를 이용하면 걱정이 없다. 이처럼 공항을 오가는 차량 예약 서비스는 모든 여행 예약 서비스에서 구매할 수 있다.

• 현지 가이드 투어

마이리얼트립이 국내 최대의 여행 예약 서비스로 발돋움한 데에는 현지 투어의 차별화가 한몫했다. 창업 초창기에 마이리얼트립은 프랑스 파리에서 새로운 투어 가이드를 발굴하고, 타 여행사에서는 찾을 수 없는 여행 상품을 직접 만들었다. '미술사 전공자가 안내하는 루브르박물관 핵심 투어(3시간)'와 같이 해당 분야 전문가가 수준 높은 가이드를 제공하는 것이다. 초기부터 유럽 여행 상품을 기반으로 서비스를 확장해온 마이리얼트립은 경쟁 서비스에 비해 유럽 관련 여행 상품이 압도적으로 많아 유럽 여행을 계획할 때 둘러보면 좋다. 마이리얼트립의 현지 가이드 투어 상품 중에는 한국인이 가이드하는 것이 많다는 점도 큰 장점이다.

영어로 의사소통하는 데 문제가 없는 여행자라면 에어비앤비의 트립을 이용할 경우 훨씬 다채로운 여행을 경험할 수 있다. 에어비앤비 트립에는 현지의 숙소와 전문 투어가 결합된 상품이 많은데, 이는 오직 에어비앤비에서만 경험할 수 있는 여행 상품이다. 한 호스트(집주인)가 숙소와 트립을 모두 운영하는 경우가 많기 때문이다. 도전적인 여행을 꿈꾼다면 에어비앤비가 2019년 6월에 출시한 소규모 단체 여행, '어드벤처'를 참고해보자. 개인이 여행하기 어려운 지역을 에어비앤비만의 패키지여행 상품으로 구성한 것이다. 숙소, 식사, 액티비티가 모두 포함되어 있고 전문성을 갖춘 현지 호스트가 여행을 안내한다. 오만 협곡 캠핑 여행이나 갈라파고스 사파리 투어처럼 국내 여행사를 통해서는 쉽게 만날 수 없는 독특한 상품이 많다.

4

'여행의 미래'를 여행하는 이들에게 추천하는 여행지 TOP 3

내가 여행 분야 스타트업을 대상으로 강의할 때마다 꼭 하는 이야기가 있다. 바로 여행과 여행업은 완전히 별개로 생각해야 한다는 것이다. 해외여행을 많이 다녔다고 여행 산업을 저절로 이해할 수 있는 것이 아닌데 많은 사람들이 여행을 좋아한다는 이유로 이 분야에서 사업을 하고 싶다며 찾아오곤 한다. 만약 여행 분야에 종사하고 싶거나 여행 관련 아이디어를 바탕으로 사업을 구상 중이라면 여행 업계 트렌드를 주도하는 나라에서 관심 분야에 대한 경험치를 늘리는 자신만의 비즈니스 여행을 꾸준히 해볼 것을 권한다. 자신만의 관점과 경험을 쌓는 여행을 습관화한다면 자신만의 아이디어를 조금 더 빨리 현실화할 수 있다. 이러한 여행에 적합한 몇 곳의 여행지를 소개해볼까 한다.

• 미국 – 샌프란시스코, 로스앤젤레스, 뉴욕, 시카고

다양한 산업 분야에서 영향력을 행사하는 미국은 여행 산업에서도 가장 주도적인 역할을 한다. 전 세계의 위치 정보가 미국 서비스인 구글의 영향력 아래 있는 데다, 세계 최대의 여행 예약 서비스인 프라이스라인과 익스피디아도 미국에서 태어났다. 우버와 에어비앤비 등 최근 여행 업계를 송두리째 바꿔놓고 있는 공유경제 서비스가 탄생한 나라이기도 하다. 따라서 미국의 주요 도시는 글로벌 여행 산업의 유행과 흐름을 파악할 수 있는 핵심 거점이다. 에어비앤비의 본사가 있는 샌프란시스코에서는 에어비앤비의 신규 서비스를 다른 곳에서보다 훨씬 빨리 경험할 수 있다. 숙소와 현지 투어의 종류가 다양하고 후기와 정보도 풍부하다. 우버 역시 새로운 서비스를 시도할 때 본사가 있는 샌프란시스코를 시범 도시 목록에서 빼놓지 않는다. ICT 기반 여행 서비스를 준비하고 있다면 이들 회사가 집결된 샌프란시스코 여행을 추천한다.

로스앤젤레스와 뉴욕, 시카고는 전 세계의 라이프스타일 호텔 트렌드를 주도하는 회사들이 새로운 체인을 열고 반응을 살펴보는 도시다. 따라서 호텔 트렌드의 현재와 미래를 살펴보고 싶다면 이들 도시에서 여행 계획을 짜보는 것이 좋다. 로스앤젤레스는 시델 그룹의 브랜드인 노마드, 더 라인, 프리핸드 호텔에 모두 묵어볼 수 있는 유일한 도시다. 프랑스에서 탄생해 아코르에 인수된 부티크 호텔 '마마 쉘터'도 미국 진출의 첫 거점으로 로스앤젤레스를 선택했다. 한편 뉴욕은 라이프스타일 호텔의 원조 격인 에이스 호텔이 2019년 2월에 선보인 새로운 브랜드 '시스터 시티'가 문을 연 곳이다. 시스터 시티와 에이스 호텔의 뉴욕 지점을 비교해보면 흥미로울 듯하다. 시카고는 항공사와 음반사로 유명한 버진 그룹이 첫 호텔을 세운 도시다. 건축의 도시답게 시카고에서는 오래된 건축물을 개조한 호텔부터 미국을 대표하는 호텔 그룹이 선보이는 체인까지 다양한 형태의 호텔을 경험할 수 있다.

• 유럽 – 독일, 핀란드

유럽 여행 업계의 중심은 단연 독일이다. 해마다 세계 최대의 관광업 박람회 'ITB Internationale Tourismus Boerse 베를린'이 열리는 3월에는 세계 180개국에서 10만 명이 넘는 여행업 종사자들이 베를린으로 모인다. 국가와 관광 기업을 홍보하는 공식 부스 전시부터 마이스 MICE, Meeting·Incentives·Convention·Exhibition 포럼, 여행 산업 컨퍼런스 등을 둘러보며 여행 업계의 미래를 전망할 수 있는 자리

이기 때문에 유럽뿐 아니라 전 세계에서 가장 중요한 여행업 관련 행사로 꼽힌다. ITB 베를린은 일반인에게도 공개되는 행사여서 티켓만 구매하면 누구든 관람할 수 있다. 게다가 전 세계 아티스트가 모여 독특한 문화를 형성하고 있는 베를린에는 개성 가득한 호텔들이 유난히 많다. 때문에 꼭 ITB 베를린 기간이 아니더라도 독특한 호텔 서비스와 디자인을 경험해보기에 더없이 좋은 여행지다.

매년 1월 핀란드의 수도 헬싱키에서는 북유럽의 관광업 트렌드를 엿볼 수 있다. 북유럽 최대의 관광 박람회인 'MATKA 노르딕 트래블 페어'가 열리기 때문이다. 이 박람회에서는 핀란드, 스웨덴, 덴마크, 아이슬란드 등 스칸디나비아반도 전역에 있는 관광 관련 기업들의 전시를 참관할 수 있다. 이 행사도 일반인이 관람할 수 있어 더욱 추천한다. 특히 이 지역은 지리적 특성상 다양한 크루즈 여행 상품이 발달해 있어 박람회가 아니더라도 가볼 만하다. 헬싱키 시내 한복판에 위치한 항구에서 주변국으로 가는 크루즈를 타고 다채로운 여행을 해볼 수 있다. 또한 공공디자인과 인테리어가 발달한 곳이다 보니 공항이나 항공사, 호텔의 서비스에서도 그러한 면모가 돋보인다. 높은 복지 시스템에 기반한 선진적인 관광 인프라를 관찰해보고 싶다면 한국에서 직항이 있는 핀란드 헬싱키를 시작으로 북유럽의 대도시를 돌아보는 여행을 권한다.

• **아시아 - 중국 상하이**

과거 미국과 유럽이 전 세계 여행업을 주도했다면 지금은 아시아의 시대다. 중국은 UNWTO UN World Tourism Organization(유엔세계관광기구)에서 발표한 2018년 국제 관광 지출 순위에서 1위를 차지했는데, 2~4위에 오른 미국, 독일, 영국의 지출액을 모두 더한 것과 맞먹는 지출액을 자랑하는 세계 여행 업계의 명실상부한 큰손이다. (참고로 한국은 9위로, 톱 10 중 중국 외에 유일한 아시아 국가다.) 중국의 여러 도시 중에서도 상하이가 아시아의 주요 관광 포럼과 컨퍼런스를 유치하며 업계 트렌드를 이끌고 있다. ITB 베를린의 주관사인 메쎄베를린이 싱가포르에서 ITB 베를린의 아시아 버전인 'ITB 아시아'를 열다가 2017년에는 아예 중국 시장만 따로 떼어서 'ITB 차이나'를 론칭했는데, 이 행사 역시 매년 5월 상하이에서 열린다. 그래서 중국의 여행 시장을 살펴보기에는 상하이가 제격이다. 상하이는 세계적인 호텔들이 격전을 벌이는 도시이기도 해서 한국에는 아직 소개되지 않는 호텔 브랜드들을 보다 다양하게 경험할 수 있다는 장점도 있다. 럭셔리를 넘어 하이엔드 여행 시장을 대표하는 리조트 아만Aman의 아만양윤이나 버려진 채석장을 그대로 살려 세계에 유례가 없는 수중 호텔로 탄생시킨 인터콘티넨탈 상하이 원더랜드에서 보내는 하룻밤은 오직 상하이에서만 누릴 수 있는 스펙터클한 호텔 여행이다.

또한 상하이는 위챗페이, 알리페이 등 모바일 결제가 완전히 자리 잡은 여행지여서 무현금 사회의 여행과 일상이 어떤 모습일지 미리 엿볼 수 있다. 첨단 기술과 커피의 결합으로 창업 1년 만에 나스닥에 입성한 루이싱커피瑞幸咖啡, 알리바바가 만든 로봇 레스토랑 로봇 허Robot.He 등을 체험하다 보면 4차 산업혁명 시대의 변화에 어떻게 대응해야 할지 고민하지 않을 수 없다. 그렇다고 상하이가 미래의 첨단 기술 분야에서만 두각을 나타내는 것은 아니다. 1800년대 후반부터 1900년대 초에 지어진 스쿠먼石庫門 가옥이 그대로 보존되어 있는 프랑스 조계지는 상하이를 문화가 살아있는 매력적인 여행지로 만드는 대표적인 지역이다. 《골목길 자본론》의 저자 모종린 교수는 전통에 대한 자신감이 부족했던 한국과 달리 중국은 문화의 힘을 자국의 경쟁력으로 활용하는 데 익숙하다고 지적한다. 한옥이나 한국 전통을 모티브로 인바운드 관광 산업을 준비하고 있다면 상하이의 프랑스 조계지가 좋은 힌트를 던져줄지도 모른다.

주

들어가며

1 "Travel industry could lose $24 billion as coronavirus cripples tourism from outside US", 《CNBC》, 2020.03.11.

2 "Introducing the Promadic Traveler", Design Hotels, 2020.03.17.

CHAPTER 1 패키지여행의 종말: 여행자는 어떻게 돈을 쓸까?

1 "해외여행 의향 있다 95.4%", 《여행신문》, 2018.07.09.

2 "늘어나는 개별 여행, 쑥쑥 크는 OTA와 메타 서치", 《컨슈머인사이트》, 2018.07.17.

3 저비용 항공사(LCC, Low Cost Carrier): 대형 항공사(FSC, Full Service Carrier)와 대비되는 개념. 기본료는 낮추고 부가 서비스를 유료로 제공하는 방식으로, 저렴한 가격에 항공권을 판매하는 항공사를 일컫는다. 한국에서는 흔히 '저가 항공사'라고 불린다.

4 "플라이트그래프가 알려주는 항공권의 숨은 이야기", 《플래텀》, 2017.07.14.

5 "태국 인플루언서 "한국은 한 번이면 충분…일본은 볼 게 많아"", 《중앙일보》, 2018.04.29.

6 "2018년 온라인-모바일 여행사 카드결제액 1위 '아고다'", 《플래텀》, 2019.03.05.

CHAPTER 3 여행 업계가 인플루언서를 활용하는 법

1 "Malaysia Airlines Responds To YouTuber's Claims That He Was "Bullied" Throughout A Flight", 《Says》, 2018.11.22.

2 "10년 후 중국인 해외여행객 3억 9,000만 명", 《여행신문》, 2018.08.13.

3 "2017년 중국인 해외여행 규모 1.28억 명에 달할 전망, 자유여행 비중 높아", 한국관광공사 세계 관광 시장 정보, 2018.02.21.

4 "Hotel Loyalty Program Partnerships Critical to Customer Satisfaction", 《J.D. POWER》, 2017.11.29.

5 "The Ever-Growing Bleisure Travel Market", 《Travel Weekly》, 2018.11.06.

6 "South Korea Market Report", Visit Finland, 2017.06.06.

CHAPTER 4 여행과 라이프스타일이 만나다

1 "Luxury Luggage Raises the Bar for Sophisticated Content Marketing", 《Skift》, 2017.10.03.

2 "Music Fans Traveled The World For Live Events In 2018", 《Grammys News》, 2018.12.06.

3 "Music Fans Are Increasingly Crossing Borders For Shows, Report Says", 《Rolling Stone》, 2018.12.04.

4 "See the Sounds of the City with Musicity x Bangkok", Wonderfruit, 2020.02.07.

5 "“맛집 위주로 동선 짠다” …미식 여행에 적극적인 한국 여행객", 《뉴스1》, 2019.07.18.
6 "A travel company just launched all–vegan tours", 《Fast Company》, 2018.05.29.
7 "How a French Gourmet Food Brand Plans to Succeed in Hotels", 《Skift》, 2019.03.05.
8 "LVMH Seals $2.6 Billion Deal for Hotel Operator Belmond", 《The Wall Street Journal》, 2018.12.14.
9 "고프로 액션캠 '히어로7'… 승부수 통할까", 《한겨레》, 2018.11.09.
10 "Here's How Much Instagram Likes Influence Millennials' Choice Of Travel Destinations", 《Forbes》, 2018.01.24.
11 "DJI is running away with the drone market", 《Vox》, 2017.04.14.
12 "몸짱 되려면 이 호텔에 묵어라?", 《중앙일보》, 2017.03.09.
13 "WELLNESS INDUSTRY STATISTICS & FACTS", Global Wellness Institute.
14 "Local retreats are 2019's travel trend to watch–just ask Wanderlust", 《Well+Good》, 2019.01.16.
15 "Airbnb Uncovers This Year's Biggest Health and Wellness Trends", 《Airbnb Newsroom》, 2019.01.23.

CHAPTER 5 여행에서 새로운 기회를 찾고 싶은 이들에게

1 "딩고로 간 CJ E&M PD들…20만이 110만 팔로워가 되기까지", 《헤럴드경제》, 2016.07.27.

밀레니얼의 여행은 어떻게 달라질 것인가?

여행의 미래

초판 1쇄 발행 2020년 4월 28일
초판 4쇄 발행 2021년 10월 18일

지은이 김다영
펴낸이 성의현
펴낸곳 미래의창

편집주간 김성옥
책임편집 김윤하
디자인 공미향 · 박고은
마케팅 연상희 · 김지훈 · 김다울 · 이보경

등록 제10-1962호(2000년 5월 3일)
주소 서울시 마포구 잔다리로 62-1 미래의창빌딩(서교동 376-15, 5층)
전화 02-338-5175 **팩스** 02-338-5140
홈페이지 www.miraebook.co.kr
ISBN 978-89-5989-635-6 03320

※ 책값은 뒤표지에 있습니다. 잘못된 책은 서점에서 바꿔 드립니다.

이 도서의 국립중앙도서관 출판예정도서목록(CIP)은 서지정보유통지원시스템 홈페이지(http://seoji.nl.go.kr)와 국가자료공동목록시스템(http://www.nl.go.kr/kolisnet)에서 이용하실 수 있습니다.(CIP제어번호: CIP2020003651)